PLAY & EARN MONEY in PHNOM PENH

$ 東埔寨玩樂 MIX 房地產投資寶典

2021

玩賺金邊

葉斯博 ◎ 著

考察投資機會　感受東南亞熱情
必看《玩賺金邊》

東吳大學政治系　劉必榮 教授

　　在新南向成為當紅政策的大氣候之下，斯博這本書能進入第二版，真是很值得高興的事。因為這本書很好看，從為什麼要到金邊，到如何在金邊過得開心；從理智的理財思考，到感官的愉悅，大大小小的事情都幫讀者想到了。讓這本書成為非常實用的工具書。

　　柬埔寨在歷經 1970 年代赤棉的暴政與殺戮之後，現在的人口結構相對年輕。人口紅利吸引了大批外資，也帶動了柬埔寨的經濟。外資中最多的，過去是日本，現在是中國大陸。金邊兩條主要大橋，舊的是日本人蓋的，新的是中國人蓋的。柬埔寨總理洪森與中國關係好，但訪日時也曾感謝日本人，因為他一隻義眼是日本人做的。

　　洪森當政四十年，知道如何在外國勢力間左右逢源，也知道如何擺平國內各股反對勢力。他不但挺過了國際的經濟制裁，也在金邊大學唸了一個博士學位。政局的穩定，是柬埔寨在人口紅利之外，另一個吸引外資的地方。

　　過去柬埔寨是法國殖民地，法國在殖民時代擁有的是中南半島東部的越柬寮三國，英國擁有的是西部的緬甸、馬來亞，然後一路下去到新加坡。英法兩國一個想由東往西拓展勢力，一個想由西而東開疆闢土，最後在泰國休兵，所以泰國是中南半島唯一沒有被殖民過的國家。

　　到柬埔寨旅行，可以「走地理想歷史」，地理是空間，歷史是時間：一邊看看中日兩國的投資項目，一邊品味時間留下來的吳哥文化，以及後來法國殖民的文化遺風。

　　說走就走，到金邊看看投資與貿易的機會，也感受一下東南亞的多元文化與熱情。但是別忘了，先買了斯博這本書帶著走，用它做導引，你一定會有更精彩的旅程！

柬埔寨日新月異
金邊絕對值得一訪再訪

「玩賺金邊」自 2017 年出版之後，受到許多好朋友的鼓勵，叫我再出一本不同主題關於柬埔寨的書籍，但實在沒有空閒時間去做這件事！

因為 2018 年開始很多國家投資者開始發現柬埔寨房地產投資價值，踴躍來柬埔寨投資。我抱持著「客人在哪就往哪裡去」的心態，開始到各城市舉辦「柬埔寨房地產投資說明會」，包括中國大陸上海、蘇州、杭州、深圳及新加坡、香港、東京，台灣台北、台中、台南和高雄。再加上一個月定期一團的參訪團，幾乎時間都在舟車勞頓以及每場說明會中度過！

2019 年開始我覺得原書內容有些已經落伍了，有些資訊也需要更新了，便興起改版的想法，想說在原書上面去改，不用花太多時間。原打算 2020 年初就再版完成，但依舊拖了下來！

2020 年初爆發新冠肺炎疫情，很多地方都不能去了，剛好給我時間寫書，當我靜下心來仔細看了舊書，驚覺柬埔寨這幾年也變化太大了，原本想要小修改，發現可能得大修改了，因此積極著手動筆！

2020 年七月為了書裡面的一些景點，疫情稍歇狀況下，我去了一趟金邊，實地拍攝照片，以及著手拍視頻，因此這本書跟以往最大的不同是部分章節我放了視頻的連結，大家不但可以看文字，也可以直接觀賞影音，這一切都是「疫情帶來的改變」，但算是好的改變，我

們將實地透過影音原原本本帶給大家，讓大家可以透過影音了解柬埔寨！

　　這次的書裡面，更新很多餐廳的部分，「民以食為天」，這幾年柬埔寨富裕很多，因此很多很多好餐廳應運而生，我挑選了幾個自己常去的餐廳介紹給大家！

　　很高興再版，可以將更多柬埔寨即時且有用的資訊分享出來，書就是連結我跟大家的工具，大家看到書只是開始，未來很多影音平台都將常常跟大家做即時溝通，感謝大家！

葉斯博
2020.9.

FB

房地產的真心話大冒險 - 旺界國際房地產 - 立足柬埔寨放眼全東盟

www.facebook.com/houseyeh123

YouTube

吃喝玩樂 ‧ 賺柬埔寨 ----
葉斯博的分享頻道

www.youtube.com/user/siboyeh

bilibili

吃喝玩樂賺柬埔寨

space.bilibili.com/669872800

Contents

PART

1

解密邊

解金

Before

& After

遺忘的「亞洲珍珠」
──金　邊

　　「金邊」是柬埔寨的首都，同時也是柬埔寨有錢人集中的地方，在 1960 年代，還被稱為「亞洲珍珠」。「金邊」這個名字聽起來就非常豪氣，以前來柬埔寨經商的華僑，來到這裡都可以賺大錢，風風光光、衣錦還鄉，也無愧「金邊」這兩個字。以前唐山過台灣的時候，常說：「台灣錢淹腳目。」在金邊也是這個道理。

　　至於「金邊」為什麼要叫「金邊」，據說在西元 1372 年，在柬埔寨附近住著一個姓「奔」的婦人。有一天，這位婦人到河邊的時候，發現河中漂來一棵大樹，還發出金色的光芒，她覺得很奇怪，就把它撈起來，竟然發現在樹的洞裡面，

有四尊銅佛像，以及一尊的石佛像。

　　柬埔寨是佛教國家，奔夫人見到這些佛像，覺得是上天所賜，就把這些佛像放在一座小山上，並蓋了廟，將這些佛像放在裡面。

　　為了紀念這位婦人，所以放置神像的山就稱為「百囊奔」，也就是奔夫人之山的意思。由於這位婦人姓「奔」，「奔」、「邊」在廣東話裡發音接近，久而久之，「金奔」就演變成「金邊」了。

　　現在的柬埔寨，自 1999 年四月成為東協會員國之一，在 2004 年正式成為世界貿易組織（World Trade Organization，WTO）第 148 個會員國。金邊更是外來投資者進駐的都市，大家都在等待這顆

珍珠吐出光芒。

　　2010 年開始，柬埔寨政府張開雙手開放外資投資，一連串的政策出台，讓柬埔寨成為外資前進東協投資的第一選擇！

四季宜人的
柬埔寨

　　柬埔寨一開始首都不是在金邊，中間經過好幾個朝代的變遷，最後在 1867 年遷都金邊，它位於四臂灣的西岸。

　　「四臂灣」指的並不是海灣的意思，它指的是上湄公河、下湄公河、洞里薩河以及百色河，這四條河聚在一起，就像柬埔寨人崇拜的神祇「毗濕奴」化身中的四隻手臂，這四隻伸向遠方的手臂保護金邊，所以這個交匯之地被叫做「四臂灣」，當地人也稱這水面為「四面河」。

　　柬埔寨屬熱帶氣候，5月到11月是雨季，11月到4月是乾季，加上柬埔寨沒有颱風跟地震，所以可以看到柬埔寨人步調緩慢而悠閒，來金邊旅遊，讓人感到從容而自在。

　　傍晚的時候，坐在船上，乘著船隻，緩慢的前進，看著夕陽西下，是人生一大享受，還可以在船上用餐呢！而且金邊的氣候舒適，來金邊的話，不用擔心冷或熱，只要注意當時是不是雨季，記得多帶一把雨傘就可以了。

　　提到柬埔寨，一般人都會聯想到吳哥窟，事實上在金邊也有許多值得一探的地方，要不然不會這麼多的外國人來金邊旅遊、投資、定居。曾經是法國殖民地的柬埔寨，走在街道上，你可以一手吃著法國麵包，一手吃著炸蜘蛛，也不會突兀。

九頭蛇守護神──
Naga

來金邊旅行的話,會感到很親切,受佛教文化影響,柬埔寨的佛寺很多,就像在台灣的大街小巷,也不乏廟宇。像是塔仔山的寺廟,還有烏那隆寺、蘭卡寺、波東瓦岱寺、大官寺、島寺等,這些都是金邊市著名的寺廟。

在這些廟宇或著宮殿,你可以看到很多蛇的雕塑,可別被嚇到,蛇在柬埔寨可是相當尊貴的呢!

傳說在吳哥王朝,國王是九頭蛇精的後裔,所以國王晚上的時候都和化身為女子的九頭蛇精在一起,就算是王后,也不能打擾他們的好事,要等到九頭蛇蛇精離開之後,王后才能和國王在一起。

即使蛇精很討厭也不能趕走她,因為如果有一天她不出現,國王的死期就快到了。可見九頭蛇精在柬埔寨人民心中的地位。

蛇精聽起來滿恐怖的,但如果把它想成小龍的話,感受就差很多了。柬埔寨人信仰蛇神,而九頭蛇守護神 Naga,是從梵文而來,即古印度文化裡八部天龍之一。蛇不但擁有強大的再生能力,還掌管生與死。如果你看到蛇,也不用去理它,趕快跑走就是了。

還有一說,當初佛陀在菩提樹下苦修,雨季來臨時,樹林中的眼鏡蛇王張開身體幫佛陀遮雨,保護佛陀苦修贏弱的身軀。在佛陀成佛之後,這個蛇王也化身成為佛教的護法神,就是 Naga。

柬埔寨的宗教——
包容其他宗教的佛國柬埔寨

跟大部分的東方國家一樣，佛教對柬埔寨也相當重要，同時，柬埔寨也能夠接受、包容許多宗教，甚至連國外來的宗教，也可以在國內推行，不過柬埔寨最主要的信仰還是佛教，超過 95% 的人民都信奉佛教。

其實柬埔寨對宗教相當自由，只要遵守柬埔寨的法律，各宗教都可以在柬埔寨進行宣教。

雖然柬埔寨對各個宗教的包容力很強，但「紅色高棉」期間，佛教也無可避免遭到封殺，僧人們被迫還俗。雖然「紅色高棉」距今才短短幾年，卻對宗教、經濟、人文、生命都帶來很強的破壞性，還好如今已然過去。金邊的「西哈努克佛教大學」，可是柬埔寨唯一高等佛教學府呢！

柬埔寨的佛教僧侶也不是終身制，隨時都可以還俗，但大多數男子一生至少會出家一次，這是柬埔寨男子的義務。

有許多柬埔寨當地人在父母過世後會出家一陣子，上報父母恩情，下傳未來福澤！

柬埔寨路邊常常可以看到和尚在化緣。據說透過拿缽的方式，就可以知道是哪一派的佛教，比方說像摩柯尼迦派會把缽掛在肩上，而達磨育特則是捧在手中。佛教深入柬埔寨人心，現任的國王西哈莫尼也是虔誠佛教徒！

柬埔寨王國國父 —— 西哈努克曾經

寫過一篇「佛教社會主義」的文章，大力提倡以佛教作為柬埔寨國教。拉那烈王子在西哈努克國王 78 歲的生日典禮上，表示佛教已經成為柬埔寨人民，不論是政治、宗教、生活中很重要的一部分。而柬埔寨國旗中央 3 座黃色的尖塔，就是代表民主、王朝與宗教，從他們的國旗就可以看出他們宗教的重要性。

柬埔寨的
重要節慶

　　柬埔寨人是喜歡節日跟慶典的，有很多特別的節日，接下來就一一做個概略的說明。

■ 柬埔寨新年

　　柬埔寨的新年，基本上與其他東南亞國家過潑水節的時間一致。

　　東南亞國家過潑水節，主要是希望除去舊有的污穢，迎來新氣象，有種除舊佈新的意思。

　　據說在以前，柬埔寨的人民過著平靜的生活。有一天來了一個魔王，想要破壞這一切，他用他的法力讓大地變得滾燙，農作物沒有辦法生長，沒有了糧食，人民就過不下去了，國王和他的七個女兒都十分煩惱。

　　後來最小的女兒提議，她們偷偷潛入魔王的住處，在魔王睡著的時候，用刀子砍下魔王的頭顱，哪裡知道魔王的頭突然噴出火，在大地上滾來滾去，火滾到哪裡，哪裡的土地就燃燒，房舍就被燒毀，人民見狀便開始東竄西逃。

　　國王的個女兒眼見大勢不妙，連忙找水滅火，當火滅了，魔王也亡了，人民又恢復平靜的生活。

　　為了感謝這 7 位公主，於是「潑水」就成了紀念公主，及慶賀打敗魔王的儀式。

　　還有一說，潑水節時剛好是旱季剛

過，用清水洗去一身塵埃，準備迎接雨季來臨。

水在金邊代表福氣。潑水不只是儀式，更吸引了無數遊客前往，在這一天，除了記得多帶一件乾淨的衣服替換，也要記得注意安全。

柬埔寨新年除了潑水這項習俗，還有一個傳說：

柬新年中有一個重要習俗就是大家要迎接新年仙女下凡，傳說是因為印度教神祇——梵天（也就是四面佛），他曾與人打賭猜謎，結果輸了，必須切下他的一個頭，但若他少一個頭，世界將會遭受災殃，因此每年由他的7個女兒之一將他的頭迎回人間，而仙女下凡的那天就是柬埔寨新年！

至於七個女兒該誰下凡，則看新年是星期幾，便由第幾位仙女下凡，2020年新年是週二，便由二仙女下凡。

二仙女叫高阿列德維，她的形象是：耳朵別著金銀花，喜歡吃植物油，左手拐杖，右手持刀，身穿黃色綢緞衣，坐騎是老虎。（如圖所示）

大家若在柬埔寨新年期間到訪柬埔寨，可以感受柬埔寨新年的熱鬧氣氛！

新年也是他們的重要日子，新年的節慶一連3天，第1天為守歲，第2天為辭歲，第3天為新歲，這時候會以浴佛像和建沙塔跟迎接仙女下凡為主要活動。

■ 亡人節

　　柬埔寨亡人節相當於中國的清明節加上中元節，是對過去祖先的緬懷，又兼具對其他無主眾生的普渡！

　　亡人節是在佛曆 10 月 1 日至 15 日舉行，幾乎柬埔寨人都會回到家鄉，準備糕點、飯糰以及其他供品祭拜先人。有錢人會請僧人到家中舉辦法會，一般民眾就到廟宇去參加法會，法會結束，家人也會一同聚餐。因此，這幾天金邊的人口會驟減一半，因為都回鄉去祭拜先人了！

　　2020 年的亡人節是在 10 月 16 日至 10 月 18 日。

■ 御耕節

　　過去柬埔寨以農業為主，因此對於農耕相當重視。御耕節就是國王象徵性的開耕，就像球類比賽的開場請貴賓開球一般，是一個相當重要的儀式。

　　御耕典禮中最具特色之處，就是會請一隻神牛預測當年哪樣稻作會豐收？在神牛面前放下各種農作物，看神牛會吃哪幾種農作物去預估豐收之物，這對柬埔寨人來說，是相當重要的節日！

　　每年舉行御耕節的地方都不一樣，2016 年的御耕典禮就在暹粒的大吳哥城舉辦，該年神牛吃了稻穀跟綠豆！

■ 送水節

　　中國有划龍舟，而柬埔寨也會划船，這是他們傳統的活動。是為了慶祝、紀念當年闍耶跋摩七世率領海軍出戰，打敗了占婆的軍隊，凱旋歸朝。在這一天，除了遊燈船之外，還有其他的活動，像是吃扁米。

　　柬埔寨分乾季、雨季，當雨季開始，豐沛的雨水流進洞里薩湖，帶來了大量的漁獲，所以農民也會在這一天慶祝，迎接豐收的到來。

　　送水節是在每年的佛曆 12 月 15 日、公曆 11 月、雨季結束後的月圓時會慶祝。

■ 假日（2021 年）

1 月 1 日	元旦	International New Year Day
1 月 7 日	戰勝種族滅絕制度紀念日	Day of Victory over the Genocidal Regime
3 月 8 日	國際婦女節	International Women's Rights Day
4 月 14、15、16 日	高棉新年	Khmer New Year's Day
4 月 26 日	維薩卡波西亞節	VisakaBochea Day
4 月 30 日	皇家耕種儀式節	Royal Ploughing Ceremony
5 月 1 日	國際勞動節	International Labor Day
5 月 14 日	國王誕辰紀念日	Birthday of His Majesty Preah Bat Samdech Preah Boromneath NORODOM SIHAMONI, King of Cambodia
6 月 18 日	柬埔寨太后誕辰紀念日	Birthday of Her Majesty the Queen-Mother NORODOM MONINEATH SIHANOUK of Cambodia
9 月 24 日	行憲紀念日	Constitution Day
10 月 5、6、7 日	祖先紀念日	Pchum Ben Day
10 月 15 日	太皇逝世紀念日	Mourning Day of the Late King-Father NORODOM SIHANOUK of Cambodia
10 月 29 日	國王加冕紀念日	Coronation Day of His Majesty Preah Bat Samdech Preah Boromneath NORODOM SIHAMONI, King of Cambodia
11 月 9 日	獨立紀念日	National Independence Day
11 月 18、19、20 日	潑水節	Water Festival

征服柳葉的混塡——
開國神話

在柬埔寨還屬於「扶南」的時候（印度化古國），有個開國神話：扶南國的開國女王叫做柳葉，而在扶南國附近有個徼國，有個人叫混塡。這個混塡福氣不薄，有一次他睡覺的時候，夢到一個天神，天神告訴他，叫他前去一座廟，廟中有棵神樹，樹底下有個弓，將它拿了之後去征服柳葉，就可以成為國王。

混塡聽了，半信半疑，第二天一早，就到天神所指示的廟宇，果然在樹底下發現一張弓，於是帶著弓，乘著船，來到了扶南國。

扶南的開國女王柳葉聽到有人闖入，帶著侍從前去面對混塡，而混塡張開神弓，兩船之間隔著遙遠的距離，竟然也射中柳葉身邊的侍從。

柳葉心想這個人射箭的技術如此高超，我與他對抗，豈不死路一條？於是率眾投降，成了混塡的妻子，而混塡則成了扶南國王，還生了 7 個孩子。

此傳說不知是真是假，不過也為扶南的開國增添了幾分神話色彩。後來其中一個兒子將其他 6 個兄弟消滅，讓自己的子孫繼承其他兄弟的領土。

著名的吳哥王朝

　　既然來到金邊，也順便到吳哥窟一趟吧。雖然都在柬埔寨，但金邊離吳哥窟還有一段距離呢！想要到吳哥窟的話，可要好好規劃。

　　首都是整個國家的機要之地，在金邊設為首都之前，吳哥也是重地，西元3、4世紀，是扶南王朝的全盛時期，但是6世紀後開始衰敗，讓真臘有機可乘，扶南也只好將首都遷到夫耶城。

　　這時扶南的國勢已經呈現頹勢，而真臘逐漸發展起來，並且建立真臘王國，闍耶跋摩二世是吳哥王朝的第一位國王，自稱轉輪王，在他的統治時期，真臘的首都並不在吳哥。

　　高棉帝國歷經闍耶跋摩二世（802～850）、蘇利耶跋摩二世（1113～1150）、闍耶跋摩七世（1181～1218）、奔哈‧亞（1393～1463）幾位具代表性的國王，由於首都定於吳哥，所以又稱吳哥王朝，是高棉歷史上的強盛時代，

前後長達9百多年。最強盛的時候，版圖還到達現在的寮國的境內和泰國的東北部。

　　著名的吳哥窟，是蘇利耶跋摩二世統治時留下的，他花了30年的時間來修建吳哥窟，活著的時候，吳哥窟成為宮殿，死後又成陵墓，這點跟埃及的金字塔倒是很像，古代人在生前的時候，就在籌劃死後的事情。

　　而吳哥王朝的首都吳哥城，是闍耶跋摩七世時定型的。

　　只是吳哥王朝如此繁盛，就好好待在吳哥不就得了？首都又怎麼遷移到金邊呢？這要說到西元1431年，暹羅人入侵高棉，包圍吳哥長達7個月，最後還被攻破。奔哈‧亞只好放棄太靠近暹邏的吳哥，遷到TuolBasan（今磅湛省斯雷桑多），後來又遷都於竹里木（意思：四面之城，今金邊的一部分。）吳哥王朝可以說到這時候就結束了。

歷史的傷痕——
紅色高棉

提到柬埔寨，總是想到戰爭、混亂，其實這一切都是「紅色高棉」那段記錄了，要不然就是受到電影「前進高棉」的影響。

這段時間不只柬埔寨，在人類的歷史上，同樣也是一道傷痕。那一段時期，將一個繁盛的國家，經濟、文化倒退五十年。

1965 年，美國介入越戰，希望柬埔寨也能夠和他們聯合，但是當時的西哈努克國王和中共的關係不錯，希望保持中立，不肯介入，但是在 1970 年，當時的國防部長兼總理龍諾，趁著西哈努克國王出訪時，與美軍結合，發動了政變。這個舉動，讓美軍可以自由出入柬埔寨，戰火燃燒到高棉。

龍諾的暴政讓人民處於水深火熱，他不但企圖改造人民的思想，而且短短的 3 年 8 個月又 20 天，約有 200 萬人死亡。從 S-21 集中營這一點，不難想像當時的人民所受到的殘酷迫害，龍諾可以說是高棉的希特勒。

現在的金邊還可以看到歷史的痕跡，像在金邊的人民英雄紀念碑，就是為了感謝越南的軍力幫忙解放金邊。

這些歷史的傷痕，如今成為金邊旅遊的一部分，過程是沉重的，但透過這些歷史，使柬埔寨讓認清和平的重要，因為過去柬埔寨人失去太多，現在比任何國更懂得和平的重要！

現在柬埔寨已經安居樂業，人民從專制暴政中走出來，雖是君主立憲的國家制度，但皇宮並非高不可攀，位置與人民平行，當你到金邊皇宮廣場，就常可以看到百姓席地而坐野餐，就如同在皇宮後院與國王共用下午茶一般！

PART
2

遊邊遊行
出金任我

注意事項

■ 時區

和台灣差一個小時。

■ 幣別

柬埔寨為雙流通貨幣,包括:柬幣(瑞爾 Riel)、美金。**但以美金為主!**買東西利用美金交易時,當地人會找你柬幣。

■ 語言

不會講柬語沒關係,會聽中文的很多!年輕人英文普遍不錯,所以說英語也通喔!語言上的隔閡不成問題。

■ 網路

可以開國際漫遊,但金邊 WIFI 相當普遍,大多餐廳都有配置,若非重度網路使用者,其實可以不用特別申請網路。

■ 門號

外國人可以用護照申請門號,出了機場左手邊有兩家電信公司,推薦 smart比較好用,可付 10 元美金方案可享有4G 網路及電話費服務。

▌交通

大多數以嘟嘟車為主，也有計程車。

▌電壓

220 V

▌簽證

　落地簽為主，請帶 2 吋照片一張辦
理即可。（飛機上空姐會發申請表格跟
入境卡）

柬埔寨叫車系統——
GRAB & PASSAPP

GRAB 在東南亞國家相當普遍，柬埔寨同樣也有。GRAB 在 2018 年進入柬埔寨，目前與 PASSAPP 分庭抗禮，但較 PASSAPP 方便的是，GRAB 可綁定信用卡，不用在坐完車後付現金，不喜歡帶太多零錢的朋友可以選擇 GRAB。

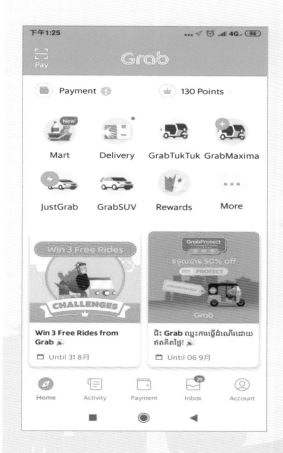

▲ GRAB 在東南亞國家相當普遍,普及率與 PASS TAXI 並駕齊驅。

柬埔寨的禁忌

「入境問俗。」我們到外國除了要瞭解風俗，也要瞭解當地約定俗成的一些禁忌。在此就列舉幾項柬埔寨的日常禁忌，提醒大家注意。

▲ 柬埔寨到處可見懸掛這三位的玉照：中間為先國王西哈努克，右邊為莫尼列皇太后，左邊為國王西哈莫尼，柬埔寨對皇室尊崇可見一斑。

不要亂摸頭 小孩子也一樣

柬埔寨人很注重頭，認為是尊嚴所在，若非長輩或親朋好友千萬不要隨便碰人家的頭，不然是嚴重的冒犯，對小孩子也一樣！

不要對皇室不尊敬

柬埔寨人很崇敬皇室，千萬不要冒犯柬埔寨皇室，尤其是國王，前國王以及皇太后，不然促犯法律外，柬埔寨人也會覺得你不尊重他們！

別說柬埔寨的文字跟泰文很像

　　柬埔寨是文明古國,相當有文化底蘊,吳哥王朝曾經統治過大半中南半島,因此有些傳統文化源自吳哥高棉文化,但因為近代內戰讓國力衰退,讓世界忘記中南半島這個文化古國。

　　因為來自具有悠久歷史的古國,所以柬埔寨人其實具有相當高的自尊心,因此當我們在看到柬埔寨文字時,千萬別說「跟泰文很像」。否則好一點的狀況,是柬埔寨人給你一個「尷尬不失禮貌的微笑」,但大多會給一個白眼,認為外人不懂他們的文化!

　　另外,像是俗稱「面具舞」的箜劇,柬埔寨與泰國都有,這是當初由高棉時代傳至泰國的,因此若你說面具舞跟泰國一樣,他們也會不高興。

＊ 箜劇被柬埔寨跟泰國兩國爭相申請世界遺產,於 2018 年判定為柬埔寨所有,柬埔寨政府申遺成功。

PART
3

吃　　喝
玩　　樂
哪裡走？

地 方 小 吃

挑戰你的膽子！
想吃又不敢吃的鴨仔蛋

鴨仔蛋在東南亞，就像台灣的茶葉蛋，相當普及，不過不是每個人都能夠接受這道菜色。

鴨仔蛋是利用孵了 15 ～ 18 天，將快孵化成鴨的鴨蛋煮熟，吃的時候敲開蛋殼，利用湯匙挖來吃，膽子夠大的，也可以一口吃下去。

敲開蛋殼的時候可以看到鴨子的骨頭或羽毛，對當地人來說是道美味而且營養的料理呢！鴨仔蛋在路邊的攤販常可看到，就連在高級的吃到飽餐廳，也可以見到蹤影呢！

▲ 吃的時候敲開蛋殼。
◣ 敲開將快孵化成鴨的鴨蛋。
◥ 利用湯匙挖來吃。

▲
◀ 法国面包三明治。

美味的潛艇堡
法國麵包三明治

　　曾受過法國殖民的柬埔寨，飲食上也深受法國影響，就像法國麵包也成為柬埔寨人的主食之一，法國麵包被當地的人稱為「攏棒」，幾乎已經融入柬埔寨本地的飲食文化。

　　柬埔寨人會在法國麵包裡會加上獨特的配料。例如在紅寶石餐廳裡，他們會將法國麵包裡頭擺上火腿肉大口咬下。吃的時候多咀嚼幾下，讓麵包和肉汁充分的混和，每一口都成為享受。

巴戎麵包店 &
路邊麵包

　　既然提到法國麵包三明治，就來看看當地出名的巴戎麵包店吧！店裡的法國麵包約有一個成人的手臂粗、長，聞起來也充滿奶油的香氣，而路邊的法國麵包則少了這一點。

　　這家巴戎麵包店曾經獲得國際比賽法國麵包類的冠軍，打敗其他國家甚至法國當地的麵包店，因此在柬埔寨相當知名。

　　巴戎麵包店一條法國麵包是 1000 柬幣，路邊的法國麵包則是 700 柬幣，平均一條都不到台幣十塊錢。走在路上，可以看到一條街上就有兩、三個攤子就在賣法國麵包，有的小販甚至將法國麵包頂在頭上，等找到適當位置，就可以賣啦！

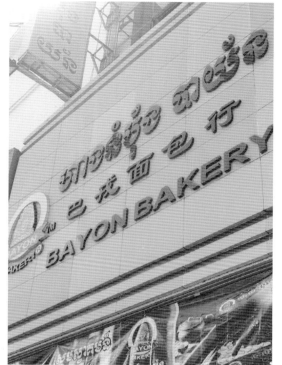

在金邊也可以看到台灣熟悉的點心，例如在學校前面，就有寶島車輪餅。小朋友下課的時候，也會來買。招牌不僅利用中文書寫，這車輪餅的製作過程也和台灣的車輪餅大同小異，不過在台灣倒是少見葡萄口味。

香香甜甜的香蕉裹粉炸過之後，不需要再添加其他調味就有甜味了。

這道傳統的零嘴，深受大人、小孩的歡迎。只不過熱量滿高的，介意身材的人可要適可而止。

炎熱的天氣，來上一杯檸檬紅茶最棒了！

路邊的小販會將碎冰倒在紅茶裡，再現擠一杯新鮮的檸檬，一杯不到台幣十塊，不介意路邊攤的朋友，倒是可以試試看現榨的口感。

磨牙的好零嘴──
炸地瓜 ▲

　　雖然天氣炎熱，但炸物仍然熱銷，炸過的地瓜充滿口感與嚼勁，同時吃到纖維，炸地瓜的甜味是地瓜本身的味道，沒有多餘的糖份，甜度上會依地瓜的品質而有不同。

柬埔寨平民小吃──
炒泡麵 ▶

煎　粿 ▶

　　這項小吃在金邊路邊常見，可當主食也可當點心，將泡麵麵體泡軟然後用鐵板翻炒加入蔬菜以及獨門醬汁拌炒，大多人會加顆蛋，一份 1.5 美金，很香很入味，簡單營養的一餐！

　　路邊常見這個小吃，其實很像台灣的「水粄」或「碗粿」拿去煎到「恰恰」，然後加上一些香料佐醬，吃起來相當有口感又香味十足！

柬埔寨平民簡餐——烤肉飯

　　這是柬埔寨式的簡餐，通常是晚餐跟宵夜，一盤飯加上烤肉及生菜，就是簡單的一餐，重點是烤肉必須重口味，才能大口吃飯，加上生菜補充點營養，對柬埔寨人來說就是很棒的晚餐！

香醇雋永的咖啡——
路邊咖啡

因為曾被法國殖民長達九十年的歷史背景關係，柬埔寨喝咖啡的習慣很早就開始了！咖啡，早已成為他們的文化，街上也有不少咖啡廳，像是 BROWN COFFE。而路邊更可以看到小販，想要隨時來杯咖啡？沒有問題！不過一分錢、一分貨，想要喝什麼咖啡，可要看自己的決定。

柬埔寨菜餐廳

來柬埔寨當然要嘗試柬埔寨菜。什麼叫柬埔寨菜系？基本上受到中國潮汕移民、越南跟泰國影響，兼具柬埔寨本土特色，就是柬埔寨菜系！

柬埔寨沒有泰菜辣，比越南菜甜一點，潮汕菜系對海鮮的料理相當擅長，柬埔寨本土對香料的調配跟瞭解控制也很厲害，綜合起來就是柬埔寨菜！

柬式餐廳首選——
MALIS

MAILS 餐廳也是金邊數一數二的餐廳，許多國外餐廳評鑑都將其列為前三名，國外旅客或是台商招待重要客人也喜歡到 MAILS 走一趟。走進 MAILS，門後巨大的石雕引人注目，斂眉低首，一派和詳，讓進來的人感到相當舒適。環境悠閒，熱帶氣候的風格，讓人感到慵懶，從容在這裡，顯得理所當然。

主廚在法國工作過，還拿過法國政府的廚師職業勳章，菜式法、柬混合，

有道「柬埔寨湯」是加入數種當地蔬菜以及新鮮辣椒加上豬肉去煮的湯，相當有特色！

　　另外柬埔寨人很愛的烤雞這邊也以全雞呈現，相當可口美味。另外這邊的紅咖哩以及綠咖哩都棒，建議加上當地吳哥啤酒，當是一絕！

　　另外這邊也有提供早餐，美式以及柬式早餐，相當多商務人士約客人在這邊早餐會，豐富早餐開始一天的工作！

info

地　　址
No. 136, Preah Norodom (St. 41),
12301 Phnom Penh

電　　話　　+855 15 814 888

營業時間　　06：00 ～ 23：00

影片介紹

YouTube

youtu.be/zjjRpVc7afs

bilibili

www.bilibili.com/
video/BV1Gh411o7Zt/

紅寶石中西美食——
大骨湯柬式法國麵包

　　紅寶石餐廳的門面看起來並不大，但走進裡頭，就會發現空間比想像還要來得寬敞，裡面共有三層樓，而且當地的人已經習慣嚴熱，店內多吹電風扇。遊客若忍受不住高溫天氣，可以選擇進門右側，有個獨立區域提供冷氣。

　　紅寶石餐廳出名的法國麵包，口感外酥內軟，加上火腿，非常美味。還可以將青木瓜、小黃瓜加進去，就成了簡單的一餐。另外，紅寶食餐廳的大骨湯也是相當推薦的，喝起來鮮美，大骨上面還有許多骨邊肉，瘦肉帶筋，吃起來非常過癮。此外也推薦炸春捲，相當美味，咬下的每一口都讓回味。

　　另外，有一項隱藏版美食，當地叫「炸地魚」，論尾計價，是洞裡薩河的魚鮮，肉質相當美味也沒淡水魚的土味，不過要看運氣，不是每次都有的喔！

info

地　　址	90A-Beo, Kampuchea Krom St., Phnom Penh
電　　話	+855 23 882 747
營業時間	06：00 ～ 20：00

── 影片介紹 ──

YouTube

youtu.be/n04yvZs1ftc

bilibili

www.bilibili.com/video/BV1H54y1U78s/

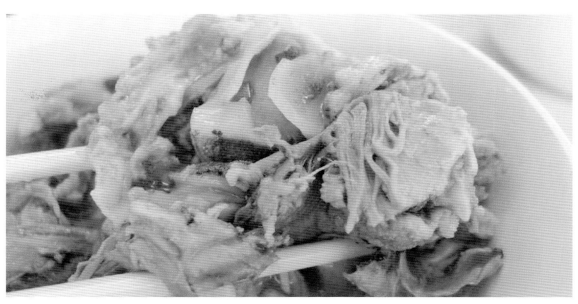

具歷史的義式餐廳酒吧 —— FCC

FCC 是 Foreign Correspondents Club（外國記者俱樂部）的簡稱。越戰的時候，有很多的記者待在金邊便於採訪即發佈新聞，因此需要一個安全的場所讓記者在一起交流，於是記者們都到 FCC 來，也在 1993 年成立 FCC Phnom Penh。餐廳真正開張時，越戰已經結束，之後 FCC 就成了當地著名的，同時也具有歷史意義的餐廳。

FCC 位於洞里薩河河畔，白天的時候可以看到明媚的風景，不論水色或河上的遊船，加上廣闊的天空，都令人心曠神怡。遠眺對岸，可以清楚到的看到水淨華上的 Sokha Phnom Penh Hotel。晚上的時候，想要看到洞里薩河的夜景，FCC 也是一個好位置。

FCC 不但是餐廳，還是間旅館，它的房間數不多，餐廳裡頭還有撞球檯，許多洋人也會來這裡喝上一杯，白天和晚上的 FCC 各有風情，白天來這裡用餐，晚上則和三、五好友來這裡喝一杯，放鬆心情。

FCC 裡頭有眾多美食，來這裡可以品嚐他們的火龍果汁，自然的水果甜味甜而不膩，加上炸得酥鬆的薯條，是來這裡必嚐的點心。同時他們的披薩也是特色之一，披薩餅皮烤得酥脆，讓人忍不住一片接一片。

＊ **2019 年開始整修，造訪前請先確認是否有營業。**

info

地　　址	363 Sisowath Quay, Phnom Penh
電　　話	+855 23 724 014
營業時間	06：00 ～ 23：00

柬式庭園餐廳——
Kroeung Garden
Restaurant

位於 BKK1，2019 年重新裝潢開幕的柬式庭園餐廳，整個風格非常度假風！「Kroeung」是柬語「香料」的意思，顧名思義這家餐點在香料的運用方面相當拿手跟重視，簡單的肉末茄子，就因為獨家香料配方，變得相當有風味；柬式酸湯的香料放得相當足，喝一碗柬式酸湯，整個消暑！柬式咖哩也是異於泰式咖哩跟日式咖哩。

這邊的柬式甜點也不能錯過，幾個朋友聚餐可以每樣甜點都點上一輪一起 share，你會發現柬埔寨甜點也是非常厲害的！

info

地　　址
#46 corner of Street 352 & Street 57,
Phnom Penh

電　　話　　+855 77 813 777

營業時間　　06：00 ～ 22：00

影片介紹

YouTube

youtu.be/wBjuixQjrK4

bilibili

www.bilibili.com/
video/BV1Mh411o717/

──影片介紹──

YouTube

youtu.be/0Q44-Pc5x0g

bilibili

www.bilibili.com/
video/BV14V411U7Kz/

裝潢風格新穎的堆谷區餐廳——One More

　　這家位於堆谷區知名的餐廳，也是不容錯過的柬式餐廳，當你踏入這家餐廳，是非常有設計感的挑高開放大空間，走在假橋上，橋底魚池有養得相當好的錦鯉，餐廳的設計看得出老闆的品味。

　　至於餐點，我認為更貼近傳統柬埔寨菜式，我喜歡這邊的柬式燉魚、用棕糖條理柬式魯豬腳、香茅炒雞、鮮胡椒海鮮都是我認為很不錯的菜色！有機會到堆谷區，可以來嘗試看看！

info

地　　址
37, Street 315, Sangkat,
Phnom Penh

電　　話　+855 23 888 222

營業時間　06：00 ～ 22：00

info

地　　址
St, 136 corner St. 15,
Phnom Penh

電　　話　+855 12 761 128

營業時間　05：00 ～ 12：00

影片介紹

YouTube

youtu.be/Jm2mZBasUe4

bilibili

www.bilibili.com/
video/BV1eK4y1Y7JN

柬式粿條店——
Hour Yin Noodle House

粿條是柬埔寨代表性早餐，路上相當多粿條店。為什麼特別介紹這家 Hour Yin Noodle House ？

因為這家粿條店東西特別新鮮衛生好吃，早上 5 點開賣，大約 10 點過後東西就陸續賣光，因此早一點才可以吃到豐富的菜色！

另外，蒞臨這家店時可以注意看看外面停的車輛，可發現來吃的人很多是當地有頭有臉的人，知名程度可見一斑！

這邊粿條大致分為豬肉、豬肉丸粿條和牛肉、牛肉丸粿條，也可乾脆點一個綜合粿條一次吃到所以配料。另外這家的湯頭特別好，建議點上一份油條就著湯吃。飲料方面，本店提供各種果汁，或可以點杯咖啡搭配，就是非常豐富的一頓早餐！

另外隱藏版的魚餅跟炸餛飩，我也覺得相當好吃，不過不是常常有，店家若沒空就不會炸，全憑運氣了！

東南亞菜系

媽媽泰菜館

柬埔寨是東協一員，金邊聚集
東南亞各國人士，東南亞各國菜系
在柬埔寨也是普遍的，讓我們介紹
幾個東南亞菜係的餐廳給大家吧！

泰菜首選——
Mama Thai（媽媽泰）

　　柬埔寨身為東協一員，當然聚集東協各國的人來投資，因此東協各國特色餐廳也可在這邊找到，提中泰菜首選就是這家！

　　這家泰菜最有名的就是「咖哩螃蟹」比起其他地區的螃蟹料理一點都不遜色，這家咖哩螃蟹的特點不是吃蟹肉，而是融入整隻螃蟹精華的湯汁，螃蟹的鮮味、咖哩的香味加上椰奶的濃厚口感，難怪店家附贈用來沾湯汁吃的麵包每次都供不應求。

　　此外，烤豬頸肉（松板肉）烤得相當好，沾點獨門醬料，也是必點菜色！

　　斑蘭葉包雞也是必點，用斑蘭葉包裹雞腿肉，烤得恰到好處，打開葉子，肉香跟斑蘭葉香一起撲鼻而來，肉汁保

info

地　　址	St 352, Phnom Penh 12302
電　　話	+855 92 761 110
營業時間	06：00 ～ 23：00

留著，肉也很嫩，這道菜記得趁熱吃，會讓人流口水！當然還有其他菜色，例如：涼拌類、魚類料理，就等候各位去發掘，這也是樂趣之一！

走進餐廳裡頭，更可以感受到廣闊的空間，食物種類眾多，有壽司、蝦蟹等，甜點也分西式、柬式等。

柬埔寨的飲食口味其實和台灣也有類似，像他們也有米粉湯，燒烤也很多，同時還有柬式餐點，涼粉和春捲都可以吃到飽，有特色的如北京烤鴨、蒙古餐也不可錯過，熱帶水果種類琳瑯滿目，當地的小吃也躍上檯面，在這裡也可以吃到鴨仔蛋，至於飲料則需要單點。一個人消費 15 ～ 20 美金（看時段而定）。

面對如此豐富的菜肴，恐怕令人難以下手，不知道該選哪個好？筆者推薦：燒烤類，以及特色甜品，以及現流紅蟳，這三樣不容錯過！其他就照自己喜好去挑選了！

這家餐廳適合喜歡不同口味的人過來品嚐。

百適河
美食自助餐

百適河是金邊數一數二的自助餐餐廳，筆者推薦的這家是百適河餐廳的第二家店，不僅門面好看，地點空間大，也好停車。

info

地　　址
Building 534, Preah monivong blvd,
Phnom Penh

電　　話　+855 12 913 888

營業時間　24hr

 យ៉ាងប្រញ៉ាប់ស៊ើងគ្រុក
牛肉拉面
rk Knuckle Noodles $4.50

មីស៊ុបឧគោ
红烧牛腱拉面
Braised Beef Brisket Noodles $4.50

មីស៊ុបសាច់មាន់បែបស៊ីឈួន
川式鸡肉拉面
Sichuan-style Chicken Noodles $4.50

មីស៊ុបឆ្អឹងជំនីរ
药材排骨拉面
Herbal Pork Rib Noodles $4.50

មីស៊ុបរសជាតិជូរហឹរ
酸辣汤粉丝
Spicy Sour Glass Noodles $4.50

មីស៊ុបគ្រឿងសមុទ្រ
海鲜拉面
Seafood Noodles $4.50

មីស៊ុបបន្លែ
蔬菜拉面
Vegetable Noodles $4

Naga 2 地下街美食

　　Naga 2 期內有幾家好餐廳，但我最推薦的是在地下一樓的美食街，聚集東南亞各國美食的攤位，在攤位前看照片跟內部料理狀況，選擇你想吃的食物，拿一個代號牌，我建議逛過一輪再決定，不然很容易手上拿的牌子過多。

　　拿好牌子就到結帳處結帳，結完帳後有一個號碼鐵牌，選定位置坐下後將號碼牌放桌上，服務生就會將你點的餐送到位置上！這樣的方式讓你覺得有被服務的感覺！我建議川式麵條，泰式炒粿條以及越式春捲都是不錯的選擇！

info

地　　址
NAGA2 地下街 , Phnom Penh

電　　話　　+855 23 228 822

營業時間　　24hr

金邊肉骨茶代表——
Bak Kut Teh BKT

　　金邊也很多肉骨茶店，有新加坡式也有馬來西亞式，這一家我認為就是馬來西亞式，湯除了胡椒還有點中藥，但整體來說喝起來舒服，尤其柬埔寨雨季，若下午出門淋一點雨，我就會想到這邊來喝一碗肉骨茶，去去濕氣，預防感冒！這一家除了肉骨茶，還有炭爐燒的紅燒肉，另外雞油飯也很香！

info

地　　址
House 38E0, 12208, Preah Trasak Paem
St. (63), Phnom Penh

電　　話　　+855 98 238 238

營業時間　　10：00 ～ 20：30（週一休假）

新馬口味雞肉飯——
起骨雞飯
Boneless Chicken Rice

　　「起骨雞」就是將骨頭取出,不用啃到骨頭的雞肉料理,基本上就是海南雞飯,金邊也有很多海南雞飯,本書就會介紹兩家,光這兩家風格就不一樣,這家起骨雞的肉屬於有咬勁,另外這家有提供六種以上湯品,若喜歡喝湯的朋友一定要來,我常喝蓮藕排骨,還有涼瓜排骨、西洋菜湯、四川榨菜湯⋯⋯等等,選湯的過程有時候就很滿足!

　　這家的現壓桔子汁也很好,冰冰涼涼,在吃飽後喝一瓶達到去膩的作用!

info

地　　址
Infront Build Bright University, Samdach Sothearos Blvd (3), Phnom Penh

電　　話　+855 70 916 619

營業時間　08：00 ～ 20：00

Fuming Hainan Chicken Rice
福明海南雞飯

info

地　　址	House, 245C Preah Trasak Paem St. (63), Phnom Penh
電　　話	+855 97 338 1968
營業時間	10：00 ～ 19：30

這家是我吃最久的海南雞飯，位於BKK1 區 63 街，剛開時生意就不錯，到現在真的要挑時間去，不然要等位置。這家海南雞飯的雞肉是偏嫩的，而且每天限量的雞肉，不吃內臟類的朋友可以試試這家的雞內臟，因為新鮮所以好吃，配上豆苗或青江白菜，簡簡單單但口齒留香！

影片介紹

YouTube
youtu.be/M2KJLk-11J4

bilibili
www.bilibili.com/
video/BV15f4y1Q7fD/

FUMING HAINAN CHICKEN RICE

បាយមាន់ស៉ាំងហ្ពៃ

鸡饭

60 Years Tradition Authentic Taste

Operating Hour : 10am To 8pm

Hot Line : 097 338 1968

Delivery : 015 642 624/011 642 624

#245 C. Street 63, Sangkat Beung Keng Kang 1, Khan Chomkamon, Phnom Penh

西餐

　　柬埔寨曾被法國殖民近百年，對於外來事物接受度高，食物也是其中一環，柬埔寨人很能接受外來的食物，也能享受外來食物，因此在柬埔寨首都金邊，你能夠找到很道地的西式餐點，這邊幫大家介紹幾家！

平價法餐 ——
Bistrot Langka

　　柬埔寨金邊有很多法菜餐廳，但我個人覺得有些餐廳名過其實，但這家 Bistrot Langka 卻是我常來的一家。這家餐廳用料實在，排餐用的肉品我認為相當不錯，牛排或豬排都值得一試，這家餐廳適合點菜 share，食量小的朋友千萬不要點一份套餐，一定吃不完，寧願多點一些品項大家 share，氣氛更好也可以多嘗試一些菜色！

　　這家牛排、豬排跟鴨胸肉很好吃，值得一試！另外，這家餐廳在巷內並不好找，可以多利用導航！

info

地　　址
#132 Z13, Street 51, Sangkat Beongkeng
Kang 1, Phnom Penh 12302

電　　話　+855 70 727 233

營業時間　18：00 ～ 22：00

美式餐廳——
Brooklyn Pizza

　　我常跟朋友說：柬埔寨人最喜歡的兩樣食物：火鍋跟燒烤，若有第三樣，那就是比薩（pizza）。

　　這家 Brooklyn Pizza 老闆就是美國人。pizza、豬肋排、義大利麵等等都很道地好吃！這家有一種 pizza 叫「四種起司口味 pizza」，我相當推薦，若喜歡起司的朋友千萬不能錯過；義大利麵我則推薦筆管麵，很有口感的麵體跟舒服的調味；若喜歡道地美式甜點不怕甜的朋友，這邊有很不錯的起司蛋糕，可以嘗試品味一下！

info

地　　址
corner 440 , St 123, Phnom Penh

電　　話　+855 11 871 504

營業時間　10：00 ～ 22：00

info

地　　址	The Bridge Soho Level 13, No14, St.78 Tonle Bassac , Charnkarmorn Dist, Phnom Penh
電　　話	+855 23 232 378
營業時間	07：00 ～ 00：00

影片介紹

YouTube

youtu.be/bWrzAkq5lgg

bilibili

www.bilibili.com/
video/BV1r64y1c7gc/

新加坡連鎖餐廳──
Collin's

　　柬埔寨金邊有許多國際連鎖的餐廳，其中我最想介紹的的是這間 collin's，這家位於新加坡建案 13 樓，兼具餐廳跟 SKY BAR 的功能，也是新加坡的國際連鎖餐廳，大家可以來午晚餐或晚上來喝點小酒，週二到週日晚上也有 LIVE BAND 的時段！這裡的排餐都來不錯，雞尾酒也很好喝，大家可安排時間到這間看看！

韓系西餐——
Melo Restaurant
& Bar

　　這家位於 BKK1 區，2020 年新開幕，老闆是韓國人，在一棟殖民時期法式洋樓營業，老闆也兼營一家服飾店！進到餐廳，你會發現裡面裝潢非常韓劇，就如同置身韓劇豪宅氛圍，整個氣質跟法式洋樓非常契合，食物部分也不含糊，用韓國炸雞醬料去調味的豬肋排份量十足、非常傳統義大利面、飲料方面也是非常好喝！

　　這家餐廳兼具環境美學跟美食，值得來試試看！

info

地　　址
34 St 360, Phnom Penh

電　　話　+855 96 874 6119

營業時間　08：00 ～ 22：30

日式義大利餐 ——
Pizzeria Matteo

　　這家餐廳老闆是日本人，因此這邊的比薩跟義大利麵都屬於日式，重點是都很好吃，服務生點菜時還會問您義大利麵體偏好，比薩隨便點都好吃、燉飯的口味也是滋味十足口味偏濃重，沙拉雖簡單但新鮮度非常好，整體來說很不錯的一家餐廳！這家餐廳的午餐非常實惠，美金 7.5 元可享用主餐、沙拉跟飲料，很划算！

　　這家餐廳晚上比較偏向餐酒館，感覺就要點瓶紅酒佐餐，氣氛十足！

info

地　　址
No.21Eo, St.466, Sangkat Tonle Bassac,
Khan Chamkarmorn, Phnom Penh

電　　話　+855 70 370 672

營業時間
11：00 ～ 15：00　17：30 ～ 23：00

info

地　　址
35F，Phnom, 66 Preah Monivong Blvd
(93), Phnom Penh 12202

電　　話　　+855 23 936 888

營業時間
06：30～10：30　12：00～14：30
18：30～21：30

───── 影片介紹 ─────

YouTube

youtu.be/forhvhC6jp8

bilibili

www.bilibili.com/
video/BV1af4y1Q7c4/

六星級飯店內的
平價西餐——
Brasserie Louis

　　ROSEWOOD HOTEL（瑰麗酒店）是金邊數一數二的酒店，裡面的餐廳當然都相當有水準，但最想介紹的就是裡面的這一家 Brasserie Louis，這一家屬於法國菜，但也賣一些柬式菜式，我認為兼具環境跟好吃的一家餐廳，重點這家 MENU 的更新速度非常頻繁，常常有驚喜的菜色！

　　這家的魚料理是我常點的，有時候海鱸魚排、金目鯛魚、鮭魚都有不同的作法，讓我非常喜歡！另外，牛肉料理也很棒，有時候沙朗、肋眼或牛小排都令人滿意；其他菜式也可多嘗試，可能有意想不到的風味！

　　第一次來想嘗試的朋友，點菜我建議可以前菜跟甜點用 SHARE 的方式，主餐一人一份這樣去點菜，因為加上麵包是不限量，餐點份量也相當夠，用這樣點法就可以吃得飽又很划算。這家的麵包，我也很愛，麵包去沾海鹽加橄欖油，非常好吃！但來這邊，英文可能要好一點，因為 MENU 用法文跟英文寫，不過不要太在意，拿出手機查單字一點都不會丟臉的！

中菜餐廳

　　柬埔寨金邊的中式餐廳多不勝數，有本地華人經營的老餐廳也有最近十年才開的新餐廳，都是很棒的餐廳！

　　柬埔寨的華裔很多，而且大多聚集在金邊，大多來自潮汕跟海南，因此柬埔寨人對中餐接受程度相當高，這些我們推薦的餐廳大多我們常去而且感覺好吃的餐廳，推薦給大家，我們相信還有很多老餐廳等我們挖掘！

金邊中餐老品牌──老地方海鮮大酒樓

說起金邊中餐廳，老地方可能是知名度最高的，你只要上個嘟嘟車，跟司機說：「老地方！」大概都可以達。不過老地方有兩家店，一家在「莫尼旺大道」，另外一家在「毛澤東大道」，這邊介紹的是毛澤東大道上的店，你上嘟嘟車可以跟司機說：「老地方，毛澤東」，大概就可到達！這家分店算是新店，樓高兩層挑高設計，基本上就是大堂散客，

包廂可宴客，這家餐廳在中國大使館對面，因此每道晚上，大宴小酌不斷，生意非常好！

這是一家粵菜館，若是宴客可以點桌菜，六人以上每人 25 美金的預算，大概可以吃到這家餐廳的招牌菜式，若自己點菜，我建議蒸條魚（筍殼魚我很愛），白灼蝦、蒜香排骨、老雞湯、各式煲類、這邊的白斬雞或芝麻燒雞也值得點，這樣吃下來就是很棒的一餐！

當然若要吃得更好，或宴請重要人物，老地方的「參鮑翅肚」樣樣齊全，接受訂製！晚上來記得訂位！

info

地　　址　#113C-D, Mao Tse Toung Boulevard (245), Phnom Penh

電　　話　+855 12 556 292

營業時間　10：00 ～ 22：00

中餐廳──
波記海鮮酒家

　　這家中餐廳知名度與「老地方」並駕齊驅，位於莫尼旺大道上，菜係也屬潮汕菜系，這家的胡椒豬肚湯很不錯，常常為了喝一碗而去吃飯，其他的海產料理或者小炒類椒鹽鮮魷、野米鮑汁豆腐或燒排骨，這邊也做得相當好！

　　「波記」因為位置方便，很適合商務人士聚餐，晚上也常見柬埔寨人家庭聚餐，是一個方便又美味的餐廳！

info

地　　址
344 Preah Monivong Blvd (93),
Phnom Penh

電　　話　+855 23 882 303

營業時間　10：00 ～ 03：00

B) 黑胡椒 Black Pepper

新加坡連鎖中餐廳——同樂
Tunglok Signatures Cambodia

　　這家餐廳開在隆邊區，占地蠻大的庭園餐廳，裝潢也講究，是新加坡的連鎖粵菜館，走中高價路線，菜色也比較高級。這邊的螃蟹料理是招牌之一，有六種烹調方式可以選擇，辣椒、黑胡椒作法適合重口味，清蒸、白雲蒸適合清淡口味，都是不錯的！其他海鮮類也很好，豆腐鮮魚是一道可當湯品的蒸魚料理！其他菜品很多，可以一一嘗試！

　　這家餐廳用來宴客非常的適合，桌菜 500 美金可以吃到很不錯的料理，主人有面子，東西好吃有裡子！

info

地　　址
#30, street 222 , sangkat beong raing
Khan Daun Penh, Phnom Penh

電　　話　+855 69 931 888

營業時間　11：00 ～ 20：00

金利來粵菜軒

由五星大飯店香港大廚開設的這家餐廳，在金邊雖然才開設不到三年，但就從只有十桌的小餐廳到現在現址兩層包間就有十間的餐廳，就知道這家「留客」的功力！

一家餐廳要好，返客率要高，重要的還是菜色料理，這家粵菜館不管高級食材「參鮑翅肚」或小到一道「香港炒飯」，都相當好！這家也是我最不願意分享的一家餐廳，因為我常去，怕分享之後人太多不好訂位！

這家，我一定點的菜是「蒸魚」至於什麼魚，除非預定，不然都是請老闆娘介紹，石斑、筍殼魚、或洞理薩河野生的鳳尾魚都很好，但要是可以預定，我大多預定一種野生的「忘不了魚」！

「忘不了魚」就是讓你吃過忘不了，這種魚學名叫：似野結魚，生在東南亞河流。在馬來西亞是一種高價位的魚類。這魚因為很挑食，喜歡吃落在河中的果實，因此魚肉裡帶有特殊香味也沒土味。這種魚的魚鱗帶有豐富脂肪不用丟掉，這家餐廳直接拿來炸之後放在蒸好的魚上，多了一種口感。這種魚的脂肪相當豐富，建議吃完魚，可以拿白飯淋上蒸魚湯汁，相當可口！

此外，我會點紅燒羊腩、鹽水鴨、欖角四季豆等等小炒類，主食方面，炒面、炒飯、炒米粉都是純正粵菜作法，若喜歡嘗鮮，「梅乾扣肉炒米粉」很值得一試！

這家餐廳也提供宵夜，純正廣東粥或豬骨煲，也提供燒烤讓朋友聚會小酌！這家餐廳高檔食材需要預定，但若一般朋友聚餐隨時去都包君滿意！

info

地　　址
No 16, ST 282, Phnom Penh

電　　話　+855 70 208 063

營業時間
10：00 ～ 14：30　17：00 ～ 02：00

地　　址
Park, 120101, Samdech Hun Sen St, Phnom Penh

電　　話　+855 23 228 822

營業時間　10：00 ～ 23：00

NAGA2 金鑾殿

　　這家位於 NAGA2 期的中餐廳，看名字就知道，裝潢金碧輝煌，宴客來這不會失禮，菜是也是粵菜，高級食材應有盡有，也是包君滿意！不過我要推薦的是他們推出中餐「一人 21 美元點心吃到飽」，雖然是吃到飽，但品質一點都不含糊，柬埔寨很多港點餐廳，但這家整體較佳，我也願意推薦！每逢六日及公共假期中午，可以來試試！

麻辣火鍋——
小龍坎

info

地　　址
172 Rue Pasteur No. 51, Phnom Penh

電　　話　+855 23 262 000

營業時間　11：30～04：00

近幾年，中國投資人大量進到柬埔寨，也將麻辣風帶入金邊，麻辣火鍋就是代表食物，其中 2020 年開的這家「小龍坎」堪稱代表，自開幕到今，或在 2020 年疫情其間，這家生意都相當火爆，門庭若市，也代表著食材新鮮，價格合理，連我不太吃辣，也都想來嘗試一番！

我認為成功原因在於服務人員好，東西不貴，新鮮好吃，才吸引那麼多客戶上門，若到金邊也想常吃麻辣鍋，可以來這試試！

值得一提，來自中國，也是連鎖餐廳的「小龍坎」是由柬埔寨太子集團引進，當初總公司條件之一就是內部裝潢要高檔，來「小龍坎」可以欣賞一下內部中國風的高檔裝潢！

涮羊肉火鍋——
快樂小羊
Happy Lamb
Hot Pot Restaurant

　　除了麻辣火鍋之外，近年來引進柬埔寨的火鍋還有涮羊肉火鍋，代表性的有「小肥羊」。但我比較推薦的是這家「快樂小羊」，較之「小肥羊」，這家「快樂小羊」CP 值更高，而且除了火鍋本身肉品跟火鍋料很新鮮好吃，快樂小羊還有其他周邊食物我覺得很值得推薦，例如蒙古蔥油餅、韭菜盒或者紅糖煎餅，還有其他燒烤羊肉串也棒！

info

地　　址
La Sene Rd, Phnom Penh

電　　話　+855 66 888 661

營業時間　11：00 ～ 02：00

有機蔬食、素食餐廳

柬埔寨素食人口比想像中多，有部分宗教因素，也有很多是外國人士崇尚自然飲食，因此有很多素食或蔬食餐廳，也很多有機食材店。

我們這邊介紹幾家給大家！

info

地　　址
#370 St 163, Phnom Penh

電　　話　+855 23 222 150

營業時間　08：00 ～ 20：00

不像素食餐廳的
素食餐廳──
Vitking House

　　這家素食餐廳是本地華人開設，生意相當好，因不接受訂位，若晚間時段到達常需要排隊。這家素食餐廳最大特色就是吃起來沒有讓你覺得是吃素，菜品樣式多，調味也很多元，不論是中式鐵板面、義大利麵、咖哩、紅燒藥膳，都相當好吃。我建議第一次來，多找幾個朋友多點幾道菜大家分享，這樣可以品嚐每道菜的味道，相當過癮！推薦菜色：紅燒麵、咖哩三文魚、素腩麵、鐵板麵、香菇頭等。

無毒有機水果店——
Happy Dragon Farm

　　這家店老闆娘是本地人，嫁給法國人後開始開有機無毒的蔬果食材店，之前還開有機餐廳，生意相當好，餐廳內有一道用各種可食用花卉做成的花朵沙拉餐到現在我還記憶深刻！

　　但後來老闆娘太忙碌，就收掉餐廳，現在專營生機無毒的食材店，兼賣各式有益身體的現打果汁。崇尚無毒有機食材的朋友，可以到這家店裡去逛逛，經過這家店，也可以去買果汁喝！

　　果汁方面，喜歡健康的朋友，有甜菜根汁；喜歡熱帶風味，可以喝百香果汁；檸檬香茅也是很不錯的飲品！這家很特別，還有各種顏色的米，混搭一起去煮，感覺就很健康導向！

info

地　　址	
House 202 Street 363, Phnom Penh	
電　　話	+855 77 932 294
營業時間	07：00 ～ 18：00

下午茶、咖啡

　　柬埔寨近年來的進步是顯而易見的，除了現代化的建設之外，當然人民生活品質的提升也有目共睹，而從許多家人氣下午茶店源源不絕的好生意，就可以看出柬埔寨人已經相當懂得在忙碌之餘也偶爾要慰勞犒賞自己，喝個下午茶享受一下悠閒生活。在此介紹幾家我認為相當不錯的下午茶、咖啡廳及酒吧。

新加坡連鎖下午茶
—— TWG

這家新加坡連鎖的餐廳，我想不用太多介紹，若要買 TWG 的茶，在永旺購物中心有分店，但若要坐下來用餐，就只有安達大樓一樓有分店，這家位於安達大樓內的 TWG，到下午時間常門庭若市，當地上班族或外國朋友喜歡來一壺紅茶配點甜點蛋糕聚會聊天！

TWG 的茶不用我多介紹，可以多多嘗試找出自己喜歡的口味，TWG 的馬卡龍比起其他地方稍微不甜，若喜歡馬卡龍又怕胖的朋友，可以一試！

info

地　　址
Vattanac Capital Mall, No. 66 Preah Monivong Blvd (93), Phnom Penh

電　　話　+855 23 963 006

營業時間　10：30 ～ 20：00

讓人心神遼闊的 Eclipse-Sky-Bar 天空酒吧

在金邊想要俯瞰這座城市，欣賞日落時的霞光，以及夜晚的景色，不妨來到 Eclipse Sky Bar 天空酒吧，這是目前金邊一棟大廈——太子金邊大廈（Prince Phnom Penh Tower）的 22 層頂樓裡的觀景 lounge bar，在這裡可以 360 度的視角觀賞這座城市。

Eclipse 的意思是日蝕或月蝕，搭配一覽無遺的天空酒吧 sky bar 顯得特別有情調，酒吧裡有寬敞舒適的沙發座位，也有團體聚會用餐的位置，或是獨立的包廂區，很多人下班後，都會來這裡喝一杯，或是點美味的料理享用放鬆心情。

這座空中花園四周有綠色的植栽作為點綴，花園中央的圓桌吧台有調酒師特調好喝的調酒飲料，他們不僅親切，也都熱情，當看見有人在拍照時，也會擺出帥氣的 pose 讓你捕捉畫面。

如果問 Eclipse Sky Bar 天空酒吧，是傍晚來比較好？還是晚上來比較好？其實各有各的美，傍晚粉色的霞光，斜灑映襯著空中花園就像少女的蘋果肌，柔美靜謐，當夜晚來臨燈光打上，就像是少女的晚禮服，炫目耀眼。

總之是適合戀人們浪漫約會，創造難忘回憶的好地方喔！

info

地　　址	
23F, 445 Preah Monivong Blvd (93), Phnom Penh	
電　　話	+855 23 964 171
營業時間	17：00 ～ 02：00

柬埔寨
咖啡文化

—— 影片介紹 ——

YouTube

youtu.be/k6VEkd07Wjg

bilibili

www.bilibili.com/
video/BV1aV411U7xS/

柬埔寨曾被法國殖民近百年，在柬埔寨東北，曾經也是重要的咖啡產地，現在都還有種植咖啡，因此柬埔寨人對咖啡並不陌生，甚至已經深入日常生活中，柬埔寨的早餐，咖啡也是重要的飲品之一，在金邊路邊也常常看到看到柬式咖啡攤！

傳統柬式咖啡屬重烘焙，口味偏苦，因為他們喜歡加上甜甜的煉奶跟糖，而且大量的冰塊，等冰塊慢慢解凍，就會調和出屬於柬埔寨的冰咖啡味道！

近年來，國際連鎖咖啡店也看準柬埔寨人對咖啡的接受度高，選定東協市場進入點時，都會將柬埔寨列為第一波進入的國家，新加坡的 THE COFFEE CLUB、泰國的 AMOZON COFFEE……等各國咖啡連鎖都進來了！

這邊，我會介紹四個不同的咖啡店，各有其代表性。

有俄羅斯市場內的老攤，也有本地最大連鎖的 BROWN COFFEE，當然 2015 年進軍柬埔寨的星巴克，以及 2019 年進軍金邊的 % Arabama，各有不同的時代意義！

俄羅斯市場飄香數十年
的咖啡香——
老爺爺咖啡
The Best Iced Coffee

　　這一家是在俄羅斯市場內應該沒人不知道的咖啡店。店老闆是一個老伯，英文很好，態度非常親切，大家去到那邊時，若客人不多可以多跟他聊天，不過，通常客人都相當多。客人多時，大家還是可以靠近一點看他煮咖啡，全手工沖咖啡，整個過程就是一種表演！

　　他的咖啡豆是重烘焙，若喝得慣，可以跟他買豆子，我曾經買過，但回家用機器煮感覺就沒現場那麼香，果然環境營造還是很重要！這家店因為在市場內，沒有「冷氣空調」，大家就知道這家咖啡多吸引我，可以讓我在沒空調的狀況坐著喝咖啡！

　　基本上，就是點冰咖啡，會附上糖跟煉奶，建議入境隨俗都調進去，其實很不錯，喜歡黑咖啡的也不用擔心，老闆通常會再上一杯熱濃縮咖啡espresso，你可以一樣加入冰塊杯中，帶我建議就直接品嚐這杯熱 espresso，瞬間「如人飲水，冷暖自知」「人生滋味，酸甜苦辣」這兩句話都會在腦海中迸發出！苦甜冰熱的滋味加上俄羅斯市場室內光線特別，保證別有一番感受！

　　你喝的咖啡只有三十分鐘，但老闆可是用了一輩子經營！

info

地　　址
113 St 450, Phnom Penh
（問俄羅斯市場店家即可）

星巴克咖啡
starbucks coffee

星巴克咖啡不用多介紹，國際連鎖知名咖啡！星巴克咖啡進入一個新市場跟當地房地產有絕對相關。過去研究房地產的人常把麥當勞跟房地產連結，但近年來星巴克跟房地產連結的關係更重要！

我們常說 2015 年星巴克進入柬埔寨，就如同柬埔寨房地產元年，主要是

星巴克對市場的敏銳度是足夠的，柬埔寨星巴克是由香港美心集團引進跟當地財團合作，進入的時間經過星巴克總公司專業判斷，加上香港美心集團對飲食業經驗豐富，他們共同選擇 2015 年進入柬埔寨，當然有其重要的判斷！

到 2020 年整個柬埔寨開幕的星巴克咖啡接近 30 家，還很多陸續開幕中，不到五年 30 家分店，拓店速度相當驚人，可見當初市場開發判斷正確！

這邊介紹第一家在金邊市區的 BKK1 星巴克，以及毛澤東大道的星巴克！

星巴克咖啡 BKK1

　　柬埔寨星巴克第一家店在機場，而市區第一家店就是 BKK1，當初開幕轟動一時，這家星巴克內部裝潢兼具星巴克風格跟柬埔寨傳統，牆上的壁畫將星巴克 logo 海妖意象用柬埔寨傳統藝術手法繪製出來，非常有風格！柬埔寨星巴克的價格大致與香港一致。若你問：「價格不低，生意好嗎？」那你得親自來一趟，才知道這邊生意非常好！

info

地　　址
14 St 57, Phnom Penh

電　　話　+855 93 897 784

營業時間　06：30 ～ 22：00

星巴克咖啡 毛澤東大道店

　　這家位於莫尼旺大道跟毛澤東大道交叉口的星巴克分店，室內裝潢的風格美式鄉村風，整體明亮舒服，因為地點，來的客戶很多是來聊商務的，氣氛跟 BKK1 不太一樣！

info

地　　址
St 71 corner 毛澤東大道 , Phnom Penh

電　　話　+855 87 700 512

營業時間　06：30 ～ 21：00

BROWN COFFEE

BROWN COFFEE 是本土連鎖咖啡，也是本地發展最好的連鎖咖啡，創始人是一個現年三十多歲的年輕人，他的理念就是每一家分店裝潢風格都不同，每一家分店都有其特殊氛圍，BROWN COFFEE 咖啡的豆子不是本地的豆子，但水準不錯，而且他的咖啡價格跟星巴克差異不大，但跟星巴克不同是他吸引更多比例的柬埔寨客人！ BROWN COFFEE 的飲品，若是咖啡類，我認為他的冷萃咖啡優於星巴克，而且包裝求新求變令人喜歡，若喝不慣咖啡，BROWN COFFEE 的熱 Green tea latte（綠茶拿鐵）是首選！我這邊介紹二家分店：

BROWN COFFEE
57 街分店

這家是工業風的分店，也是生意最好的一家！

info

地　　址	corner 294,St 57, Phnom Penh
電　　話	+855 70 257 474
營業時間	06：30 ～ 21：00

BROWN Roastery Pasteur

這家位於 51 街的分店,是最新二代店,裝潢明亮簡潔北歐風,天氣不熱時可坐在門外座位,氣氛也相當不錯!

info

地　　址
#20, Street Pasteur (51), Sangkat Tonle Bassac, Khan Chamkarmon, Phnom Penh

電　　話　+855 69 555 232

營業時間　06：30 ～ 21：30

% Arabica

這家咖啡店，發源在香港，發光在
日本，在日本的京都分店已成為旅客必
去之地標店，金邊成為他為落腳之地，
第一家店開在安達大樓地面樓，為安達
大樓的空間增添一縷咖啡香！

info

地　　址
安達大樓內地面樓 , Phnom Penh

電　　話　+855 23 963 017

營業時間　07：00 ～ 21：00

情侶不能拜的
奔夫人廟

　　塔仔山是金邊著名的景點，雖然稱作為「山」，但其實只是一座小山丘，高 27 米，也是金邊唯一的一個山丘，山上有著塔仔山寺和本頭公廟。

　　要到寺廟參觀，必須購買門票，價格是 1 美金。在入口處及廟宇四周會看見有人販賣一籠一籠的鳥兒，這並不是要帶回去飼養，而是要讓信徒放生，就像台灣會放生鯉魚或烏龜一樣，但是鳥兒放生後，還是有可能被抓回來，再讓下一批信徒放生，所以並不鼓勵購買。

　　廟宇需要爬一段沿路都有佛像跟獅子雕像的階梯步道才能夠到達，其實塔仔山南山腳也有上百座的石雕，那是法國統治時期留下的遺物，這是象徵 1907 年法國與泰國簽訂協議，強迫泰國把強佔的領土歸還。

邊夫人有擦指甲油喔！

那是因為另外一個傳說，邊夫人的丈夫某天坐商船去做生意，途中遇到風浪，再也沒回家。邊夫人聽到傷心欲絕，每天都到海邊等待丈夫的商船，後來才發現了浮木裡的佛像，也正是如此，邊夫人是一個人孤獨到終老，所以看到情侶恩愛都會憤怒忌妒，想要拆散，至於這部分的真偽，就要看讀者有沒有勇氣去親身驗證啦！

塔仔山寺廟中除了有眾多神像供奉，也有定時的傳統祈福音樂演奏，既然來到此地，不妨停下腳步仔細聆聽觀賞。

另外本頭公廟是一座香火鼎盛的廟宇，是居住在金邊的華僑和越南華僑會去上香膜拜的地方，也是金邊著名的華人廟。廟裡供奉的主神是高棉人供奉的神明「波烈周神爺」，這是仿造邊夫人當年撿到的石雕神像塑造出來的。在廟門前有虎神（一隻看起來是豹），通常信徒都會帶肉或雞蛋，請法師作法為他們祈福或消災解厄。

而說起塔仔山寺和金邊的源起有密切的關係，根據歷史記載，西元 1372 年，有位姓邊（Penh）的老婦人有一天在河邊撿到一塊浮木，發現裡面藏著四尊小佛像，就決定堆了一個小山丘（Phnom），並在山丘上建寺（Wat）供奉這些佛像，於是這座寺廟就被人們稱為 Wat Phnom Duan Penh，也就是邊夫人山寺的意思；而中文講的「金邊」，其實是因為這座寺廟的外牆，塗滿了當地人民所喜愛的金色的緣故。在寺廟中也有一尊微笑圓胖、和藹可親的邊夫人雕像，傳說邊夫人對婦女的祈求十分靈驗，就好像台灣的媽祖一樣，不過情侶不能一起來祭祀邊夫人，恐怕會提早分手。還有一點，去參拜時可以仔細看看，

info

地　　址	Street 96	Norodom Blvd, PhnomPenh
電　　話	+855 10 405 086
開放時間	08：00 ～ 18：00

info

地　　址
Sothearos | between Street 240 & 184,
Phnom Penh

開放時間
08：00～11：00　14：00～17：00

費　　用　6.5 元

金碧輝煌的皇宮

座落於金邊東邊的皇宮，是一般來到金邊的遊客，都會去朝聖的地方，金色的宮殿遠遠望去，在陽光下，發出耀眼的光輝，讓人回想起過去興盛的王朝，今非昔比，不勝稀歔。

1866 年，國王諾羅敦・安・吳哥在金邊建皇宮，法國的 Neak Okhna Tep Nimith Mak 建設團隊一起協助，所以主體上是高棉的建築風格，但皇宮的庭園，整齊劃一的區塊就很有歐式的特色。

現在國王也住在皇宮裡，和參觀的區域隔開。進皇宮要收門票，要進去之前要檢查服裝儀容，太過輕率、隨便的服裝不能進去。進入皇宮，可以看到規劃良好的庭園，以及莊嚴的建築物，中央的金塔僅能從外觀看到它的巍峨，宮殿兩側的門則有人看管，不讓人進去，室內禁止拍照。遊客可以站在門外，欣賞皇宮內部的莊嚴。位於南側的銀塔，是柬埔寨王家寺廟，裡頭收藏了很多佛像。

皇宮外圍的雕刻，都帶著濃濃的傳說色彩，九頭蛇是皇宮的保護神，而在屋簷下也有飛天仙女，尖塔有四面佛。皇宮禁止空拍。

法國殖民時期建立的中央市場

中央市場是法國殖民時期，1935～1937 年，由法國設計師建的，原本是沼澤地，後來填土變成市場。黃色的外觀，如果從空中俯視的話，就像地面的太陽，呈放射狀伸出廊翼，這棟建築在當時還被評選為世界十大特色建築！

中央市場透氣性十分高，無樑柱設計且挑高設計，使得即使金邊天氣炎熱，走在裡頭也不會覺得悶，中心有個藍色的時鐘，算是個指標，而燈和電風扇結合在一起，十分有趣。在這裡逛也不用怕迷路，不論你走在哪條廊翼，都可以輕易的回到中心。

在這裡，美食區、服飾區、民生用品……都有規劃，非常明顯，而在中心也有在賣水晶及珠寶，外圍有不少小販挑著蔬菜或是載著冰淇淋販售，在這裡採買紀念品的話，也可以一次購齊。是遊客必來朝聖的景點之一。

info

地　　址
Between Streets 126 & 136, Phnom Penh
開放時間
08：00 ～ 18：00

悠閒的金邊遊船

傍晚的時候，可以來到金邊碼頭，船家會提供遊船的行程，路線是沿著洞里薩湖航行到湄公河交界，水流適當時，有時會到上湄公河再繞行一圈。每天晚上，也有提供簡單的自助式晚餐可選購，當然也可當只遊船行程！

若選擇有晚餐行程的船，床上有傳統樂器表演，一邊聆聽音樂，一邊欣賞河岸兩旁的風景。

若沒有選擇晚餐，整個過程大月 40 ～ 50 分鐘，可以觀賞岸上插滿了各式各樣的國旗，還能看見皇宮建築及國王的照片，遠方建築則顯得有股朦朧美，建議可安排傍晚去遊河，因為天氣不會躁熱而且有機會看到夕陽餘暉的美景。

info

地　　址
Stretching from the Street 104 area to Street 178, Phnom Penh

渡船費用　一個人 5 美金

info

地　　址
Samdech Hun Sen St, Phnom Penh

電　　話　+855 23 228 822

紙醉金迷——
金界娛樂城一期二期

　　柬埔寨是開放博奕的國家，博奕產業聚集的城市大多在邊境，例如：西哈努克、巴域及波貝，在金邊就只有一家賭城：金界娛樂城 NAGA，且柬埔寨政府明訂金邊在 2035 年前方圓 200 公里 NAGA 有獨家經營權，因此金界娛樂城 NAGA 成為金邊唯一也是最大的一家賭城！

　　金界娛樂城本是洞理薩河的一條賭船，隨著柬埔寨經濟發展，建立了 NAGA 第一期，2010 年開始外資湧入，NAGA 生意興隆，因此著手進行規劃第二期，2017 年第二期正式營運，讓 NAGA 整個規模更上層樓！

　　如今 NAGA 業已著手進行第三期的工程，預期 2023 年完工，這個第三期工程規模將是前兩期總和，且內容更多元，朝多方發展的賭場娛樂城規劃，預期 NAGA 第三期將代理百色河左岸連結鑽石島衛星城成為金邊的娛樂商業中心！

　　「小賭怡情，大賭傷身」對個人來說，賭場多元設施可全家一起前往娛樂，偶而下場娛樂無妨，對國家來說，博奕產業帶起周邊產業的發展，其產生的效益將為柬埔寨經濟動能出一份大力！

鑽石島
＝會展中心

如同台灣的世貿中心，這邊也常舉辦各項展覽，隨著金邊的經濟發展，越來越多廠商願意來柬埔寨展示各式各項的產品。

會展中心旁邊就是婚宴場所，這是很特別的地方。柬埔寨對婚禮異常重視，以往一個婚禮要狂歡三天三夜，現在雖有收斂，但是每逢婚宴都可以看到參與的每個人盛裝打扮。而鑽石島的婚宴場所更是達官貴人最喜歡選擇的婚宴首選，每當假日，總是有數場婚禮舉行。

info

地　　址
Theatre Street, Phnom Penh
（Koh Pich Exhibition Hall）

柬埔寨
金邊圓環系列

　　柬埔寨首都金邊的街廓，大致在法
國殖民時代就有一個雛形，因此可以看
到金邊市中心有很多圓環，若您留點心
去注意，可以發現這些圓環的裝置藝術，
都別具意義，有機會來個金邊圓環之旅，
也是不錯的！這邊就介紹幾個代表性的
圓環：

影片介紹

YouTube

youtu.be/RCXbNtTtWPo

bilibili

www.bilibili.com/
video/BV1e54y127Tk/

▌塔仔山圓環 ◂

　　這個圓環應該是金邊第一圓環，在本書前面已經介紹，是金邊的發源地，目前圓環上面的佛塔供奉佛骨舍利，是金邊的宗教聖地之一！

▌禁絕手槍圓環 ▸

　　這個圓環是六號公路起點，也是日本橋與中柬友好大橋的西端，這個圓環緊連法國大使館，上面的裝置藝術是一個手槍的意向，重點在槍口打結，代表杜絕私槍！

　　柬埔寨過去私槍氾濫，在 2010 年前造成金邊治安很大的憂慮，後來柬埔寨政府禁絕私槍，對私擁槍枝施以重刑，收繳很多私槍，將部分鎔鑄成這個裝置藝術，代表政府決心！大家有空可以去看看！

▌水淨華四面佛圓環 ▾

　　在禁絕私槍圓環的另一端，就是水淨華半島，也設置一個圓環，上面設置巴戎四面佛，其實就是取材大吳哥巴戎寺的雕像，說是四面佛，其實是依照當初興建巴戎寺的國王闍耶跋摩七世的臉所雕刻，四面佛面向四面，就如同照顧四方百姓！這個水淨華圓環設立這巴戎四面佛，也是祈求四方平靜之意！

▌雙贏紀念碑 ▲

這個雙贏紀念碑位於水淨華半島李永發衛星城內，緊連 2023 年舉辦東南亞運動會主場館旁，現在已經是當地人出遊的景區！

所謂：「雙贏」是政府跟人民雙贏，柬埔寨政府自內戰平息後，有「雙贏政策宣言」，宣示未來施政要人民跟政府雙贏，數十年來成果卓著，因此金邊各地都有雙贏紀念碑，但以這個最大！

▌魚美人圓環 ▼

這個圓環，也位於水淨華半島，上面的裝置藝術是柬埔寨神話中的魚美人（鯉魚仙子），四方魚美人拿著不同的信物，祈求四方和平！這個雕像，由柬日兩國環保相關官署設立，為「世界氣候變遷宣言」作個美麗的見證！

▌獨立紀念碑 ▼

若塔仔山圓環是金邊第一圓環，那獨立紀念碑就是最重要的圓環，紀念碑在 1958 年三月建成，紀念西元 1953 柬埔寨從法國殖民中獨立，整做獨立紀念碑從出水蓮花的意象去設計，上面有 100 尊王蛇（NAGA）雕像，象徵柬埔寨獨立紀念，以及護衛柬埔寨全國平安之意！

這個圓環很重要，基本上所謂金邊房地產蛋黃區，基本上可以從獨立紀念碑圓環定義起，其方圓五公里內就是金邊目前最熱鬧之地！

▌ 柬埔寨國父
▌ 西哈努克紀念圓環 ▲

　　跟獨立紀念碑同在洪森廣場上的這個廣場，是為了紀念柬埔寨王國國父西哈努克，西哈努克國王生前相當親民，在柬埔寨人民心中地位相當崇高，這個紀念碑的廣場，每到傍晚都有許多民眾在附近運動休閒，如同西哈努克國王生前一樣親民愛民，與民眾站在一起！

▌ Chuon Nath 紀念圓環 ▲

　　Chuon Nath 是為高僧，受到柬埔寨人民的愛戴，因為他整理並創造高棉文字，讓柬埔寨有自己的文字，相當於「中國的倉頡」，這個圓環位於參議院前，位置相當重要，可見柬埔寨對這位高僧的推崇！

令人肅然
起 敬 的
建 築 物

中華人民共和國
駐柬埔寨王國大使館

中華人民共和國駐柬埔寨王國大使館，在柬埔寨金邊市毛澤東大道 156 號，對，沒錯，在金邊有一條路就叫毛澤東大道，因為 1958 年 7 月 19 日，中柬兩國正式建交，往來密切。

當時的國王西哈努克便提議修建一條毛澤東大道，以鞏固兩國關係，這條路在 1965 年 3 月動工，同年 8 月底建成，寬 10 米長公里，是穿越金邊市西南部最長最寬的街道，也是金邊的交通要道。

金邊有一些比較豪華的酒店，像是洲際酒店，或是銀行、航空公司，比較高級的餐館都是在毛澤東大道兩旁，當年的中國領導人像是：劉少奇、周恩來、陳毅……等，都曾走過這條街道。

而中華人民共和國駐柬埔寨王國大使館主要是兩國溝通的主要橋樑，也負責中國人民在柬埔寨相關的旅遊、經商、投資的問題處理與諮詢。

info

地　　址
金邊市毛澤東大道 156 號 , Phnom Penh

電　　話　+885 23 720 920

歷史的傷痕——
金邊屠殺博物館

金邊屠殺博物館記錄著柬埔寨沉重的黑暗歷史,無數的生命都葬身在這個恐怖的集中營當中。西元 1975 年,柬埔寨的領導人波布,帶領發動赤柬運動,建立了一黨專政的獨裁政府,他立志實行和仿效毛澤東的政策,主張共產制度,並且開始展開一連串的屠殺計畫。

先是將金邊的一所高中 Tuol Svay Prey 改成集中營和集體處決中心,為了怕犯人脫逃,還在四周設置佈有高壓電的鐵絲網,教室則被改造成狹窄的牢房跟拷問所,窗戶上也有鐵條封鎖並拉上電線。

整個改建完成之後被稱為第 21 號安全監獄,簡稱 S-21 集中營,在 1975 ～ 1979 紅高棉執政期間,至少關過 15000 名以上囚犯,最終只有 7 人幸免於難。集中營的犯人是由柬埔寨全國挑選之後送過來,最初是朗諾政權時期的政府官員,軍人、學者、醫師、僧侶……等。後期則有紅色高棉政權的黨員,甚至還有來自印度、美國、加拿大……各國人士。

在集中營的生活是非常血腥而恐怖的,首先犯人到集中營後要先照相存檔,並脫掉所有衣物進行全身檢查,接著會被帶到狹小的牢房,睡在冰冷地板,並上手銬腳鐐,在集中營的第三、四天後,

info

地　　址
路 113 相交 350, Phnom Penh

電　　話　+885 23 216 045

門　　票　2 ～ 3 美元

才是苦難的開始,這時就要審問犯人,會用各種酷刑,如毆打、電擊、烙刑、懸吊、水凳……等,目的就是逼犯人招供。

這三年的過程當中,在集中營喪命的人數超過了 17000 人,直到 1979 年紅高棉結束,1980 年 S21 集中營才對外開放呈現在世人眼前,建築內保留了當時的刑具,牢房,犯人建檔的照片,還有無數的頭骨,每一層樓的展示都是一種無聲且沉痛的歷史傷痕,透過屠殺博物館可以更了解柬埔寨的歷程演變,現場也有 S21 的倖存者販賣他們自己寫的書籍,分享在集中營裡,那段難以抹滅的回憶。

紀念獨立的
金邊獨立大道
＆獨立紀念碑

最醒目的建築是獨立紀念碑，外型有如一座盛開的大型蓮花，這是建於1958年，紀念柬埔寨脫離法過的殖民統治。

紀念碑的高度有66英尺，用流線造型的紅棕色石材，仔細一看，會發現攀爬在各層蓮花花苞上的多頭蛇，您可數數看，整座獨立碑上總共有一百條蛇。整體外觀與傳統的柬埔寨建築風格做完美的融合。

白天造訪獨立碑。可以享受四周寧靜的氛圍，紀念碑本身不開放民眾入內，但能夠在附近休憩拍照。晚上紀念碑會亮起五彩繽紛的燈光，周邊也湧進許多野餐或運動或散步的人潮，附近有一整排的商店街，再繼續往前走，還可以到王宮和塔山寺，沿西哈努克大道走也可連接 NAGA 以及鑽石島。

info

地　　址
諾羅敦大道與西哈努克大道交會，
Phnom Penh

柬埔寨日本合作中心
CJCC

　　由於經濟和社會環境的關係，現在很多已開發國家都知道，必須把投資開發計畫往東南亞觸角延伸，才能擁有更多的商機，其中柬埔寨就是這些國家想要積極合作的對象，像是日本就在金邊建立了 CJCC 柬埔寨日本合作中心。

　　這是由柬埔寨政府和日本政府透過日本國際協力機構和日本國際交流基金會所共同創立的教育機構。中心外有一座綠色的大湖泊，門口有個小廟亭，往裡面一看會發現許多柬埔寨和日本進行交流活動的照片。

　　柬埔寨日本合作中心 CJCC 主要是培養和開發柬埔寨的高階人力資源，透過

柬埔寨
皇家憲兵隊

業務培訓、日語事業發展和文化教育交流計畫,達到柬埔寨和日本深入交流合作的目的。

在 CJCC 也有一座圖書館,裡面有商業、管理、小說、報紙、雜誌,有高棉語、日語、英語三種語文類別的一萬多本書,甚至 DVD、CD、影片都有提供租借,也有日本大學提供給柬埔寨學生到日本遊學的相關訊息。

還有一座自然咖啡廳就位於 CJCC 內,提供了飲料咖啡和日式口味的餐點,每天(週一到週日)早上的八點到下午六點都有營業(國定假日休假)。

這個很特別的招牌其實是柬埔寨皇家憲兵隊,也稱軍事警察,是柬埔寨皇家武裝部隊,負責柬埔寨的公共秩序維護和國內安全。憲兵隊可以監控的範圍很廣,包含柬埔寨 24 個省和 186 個區,總部就在金邊,一般人無法進去參觀,但是可以在圍牆外面拍照。

info

地　　址
Samdach Penn Nouth St.(289),
Phnom Penh

柬埔寨國家博物館大約是 1917 年～1920 年完成，博物館的建築最主要是用人字屋頂、雕花門和高棉的古寺廟建築樣式，不僅讓高棉傳統建築和法國的殖民風格融為一體，也是金邊市的經典建築之一。

柬埔寨國家博物館入口處的庭院有柬埔寨的神像及大象藝術裝置，晚上在館內有音樂舞蹈表演，也是在庭院的售票亭售票。

博物館總面積大約是 5200 平方米，其中展覽面積就佔了 2800 平方米，還有 1200 平方米的辦公室跟檔案室，540 平方米的工作是和地上儲藏室（包含研究室）和一個 650 平方米的地下儲藏室。

中庭周圍的走廊大多擺放展覽的石雕，這裡所舉辦的臨時展覽比較少，大多重要作品都是在館內永久展出，不過還是有兩個陳列是專門用於臨時展覽。

目前館內的展品大約有 15000 多件，每次會固定展出大約 2000 件作品。館內的展品跨越了不同的歷史時期，有史前階段，還有吳哥朝代早、中、晚等時期的文物。這些展品主要以石器、瓷器、

info

地　　址
13 街和 178 的拐角處 , Phnom Penh

電　　話　+855 23 217 643

門　　票　3 ～ 5 美元

木器、青銅器為主。

　　石器主要是婆羅門教跟佛教傳說中神的石雕作品，這其中也有碑刻和建築樣式也都頗有代表性。青銅器比較偏宗教人物雕像，還有日常生活的用具或禮器為主。其中也有陶罐、瓷器可以反映出當代的人類文明；木器比較多是講經佈道用的長椅，還有箱子、盤子跟其他雕刻物。

　　建築中庭有座綠池塘可以拍出整棟建築的倒影，這裡也是很多學生校外教學拍攝團體照的地方。

河畔旗竿神廟

　　柬埔寨宗教信仰 95 ％是佛教，在柬埔寨的廟宇中也奉祀很多佛教神祇，佛教受到印度教影響深，因此很多共同的神祇，印度教跟佛教融合的最佳典範就是小吳哥，我們介紹的這間廟也是一個例子！

　　位於皇宮前里薩河畔有兩間廟，背對皇宮右手邊的那間廟就是柬埔寨當地人稱的「旗竿廟」，雖然廟很小，但堪稱金邊香火最鼎盛的廟，正所謂：「山不在高，有仙則名；水不在深，有龍則靈。」這間小廟，是柬埔寨人的精神寄託，常常有政治人物要發誓，也都是到這邊「斬雞頭」，這間廟奉祀的神祇就是印度教的三大神祇之一：毗濕奴。

info

地　　址　金邊皇宮前面

日常生活的點點滴滴

四通八達的
金邊公車

　　雖然在金邊的交通仍然以嘟嘟車及計程車為主，不過其實現在金邊正努力推動運行冷氣公車，不計里程，車資一律 1500 里爾（相當於台幣 11 元左右），車上有售票員，但是不找零錢，上車時記得預備零錢，而殘疾老弱、兒童、僧侶、學生都可以免費搭乘公車。

　　現在金邊的公車一共有三條路線：金邊公車一號線從雷西郊區 9 支牌到法國駐柬大使館、莫尼旺大道、鐵橋投、一號公路；金邊公車二號線從夜市到水淨華橋、堆谷區電塔、金日成大道、毛澤東大道、毛澤東與諾羅頓大道轉角處、諾羅頓大道、莫尼旺天橋、大金歐市；金邊公車三號線從夜市到中央市場、干隆街、斯托莫中學（干隆街與毛澤東大道轉角處）、毛澤東大道、科技綜合大

學（TECHNO）紅綠燈處、俄羅斯大道、宗周。

　　2016 年開始，公交車的路線將增至 5 條，2020 年有 10 條，2025 年推出電車（Tram car）服務。

■ 公車發車間隔時間表

05：30 ～ 06：00	每 15 分鐘一班
06：00 ～ 09：00	每 10 分鐘一班
09：00 ～ 16：30	每 15 分鐘一班
16：30 ～ 19：30	每 10 分鐘一班
19：30 ～ 20：30	每 15 分鐘一班

金邊郵局

　　金邊的郵局是一棟法國殖民時期留下的老建築，門口有白綠相間的郵筒，離塔山不遠，郵局內有賣金邊特色明信片，一張價格是 500～1000 里爾，如果要寄往國外則要買 2000 里爾一張的郵票來貼。郵局裡有舒適的木桌及座椅，提供給來辦事的人們，也因為這樣，郵局的氛圍感覺比台灣悠閒許多。

info

地　　址
Preah Ang Duong St. (110),
Phnom Penh

電　　話　+855 23 220 722
營業時間
週一～週五　08：00～17：30
週六　　　　08：30～11：00

人手一機的服務 ——
金邊手機貼膜

　　金邊有一個很有意思的地方，就是
很多服務不一定都有店面，而是隨處的
人行道上就能看到，像這樣的手機貼膜
街邊商販，一般一天大概可賺 20 ～ 30
美元，大部分的顧客群是學生。

　　雖然現場的工具很簡單，包手機的
膜還有點像包書的書套，不過因為現在買
得起手機的人越來越多，對於手機貼膜
的需求就越來越高，不得不說這在金邊
是一個競爭激烈又充滿商機的生意呢！

視覺衝擊的
炸昆蟲

人家說如果到東南亞國家沒體驗過吃炸昆蟲，真的不算來過這裡遊玩啊！在金邊想吃炸昆蟲可以趁著傍晚的時間來到王宮附近，就有炸昆蟲的小吃攤位，告示牌上寫著「如果拍照必須付費1美金」。

各種不同的昆蟲都成堆的盛在鐵盤當中，有蟬、蜘蛛、青蛙乾、蜂蛹……等，全部都已經是炸過也加了特殊醬料，但是形體完整，尤其蜘蛛的腳還滿粗的，要吃還得要一點勇氣，如果不知道該怎麼說服自己，就當吃下的都是蛋白質吧！

其實每一種口感都差不多，只有大小的分別，因為醬料下的足，所以沒有想像中的蟲味，吃起來酥酥的，有一種東山鴨頭的味道，其實閉上眼睛，直接

丟進嘴裡的話也不會特別感覺那是昆蟲，不過形容再多，還是不如自己親身體驗來的深刻喔！

柬埔寨乃至東南亞吃昆蟲的習慣其實來是之前因戰亂而飢荒的時候，必須補充蛋白質而來，如今，大部分昆蟲來自養殖，例如：蜘蛛，有些季節還因為產量較少，還缺貨買不到！

貴氣逼人的
珠寶街

在柬埔寨金邊市中心隆邊區旁的新街市，是一個非常大的中央市集，市集對面有一條珠寶街，專賣各種金條首飾戒指。

在國際市場黃金價格連續 2 年下滑之後，2016 年初柬埔寨的黃金價格開始有上漲的趨勢，很多觀光客也會趁這個機會來收購保值。

不過外行看熱鬧，內行看門道，珠寶街的首飾品質也良莠不齊，如果真的想來血拚，建議還是要睜大眼睛仔細觀察，或帶有專業眼光或學過珠寶鑑定的朋友來，會比較好喔！

info

地　　址
Calmette St 53, Phnom Penh

國際書局

招牌上以柬文、中文、英文書寫，一般的生活文具用品或是書籍在這裡都買的到，整個裝潢規格像 9×9 文具店。書局裡面不能拍照，比較特別的是有一整櫃的恐怖童話故事區，全是在講降頭、吸血鬼、七孔流血的女鬼，圖文並茂，也沒有特別標示適合閱讀的年齡，只能說東南亞國家的小朋友膽子應該都很大。

info

地　　址
Preah Trasak Paem St. (63), Phnom Penh

電　　話　+855 23 222 822

營業時間　08：00 ～ 20：00

宗教與
教育合體的學校

　　這座寺廟的旁邊就是一所學校,學校裡的小朋友多半都不怕生,看到鏡頭都主動擺 pose 做表情,雖然很多都不是來自於富裕的家庭,但仍然表現出他們的開朗與活力。

　　教室門口有 12 生肖的雕像,其中比較特別的是龍,仔細看龍的型態與旁邊的蛇很相似,但頭上多了金色的獨角帽,跟我們傳統意義上的龍外貌相去甚遠,十分有趣。

席地而坐——
金邊洋人街市集

金邊洋人街是一條外國人比較常出沒的街道，也是酒吧一條街，而洋人街市集就是在街道上的夜市，這個夜市從傍晚開始營業，面積不大，但是裡面有一些衣服、首飾、小吃販賣。

買東西可以用柬幣付費或是美金，有些店家會貼心的將換算的價格寫在牌子上，讓你一目了然，一般在夜市買東西，除非已經註明是明碼標價，不然價格多半會先對半砍，再往上慢慢增加一點，既有殺價的樂趣也不會虧太多。

其中有一攤是一個畫家，專門賣自己繪畫的柬埔寨風景畫作；像是吳哥石窟或大象，有鉛筆畫、油畫各種不同風格，色彩豐富勾勒細膩，遠遠一看好像在開個人畫展，他的畫作依尺寸大小有不同價格，便宜的有 20 ～ 30 元美金，貴一點 30 ～ 40 美金以上都有，也可以請他現場作畫，一般 A4 大小的人像畫只要 10 美金。

這個夜市的小吃賣的大部分像是關東煮或麻辣燙，還有炸各類丸子串，你會看到有各式各樣的食材擺在攤位上，其中滿吸睛的就是憤怒鳥的魚板，點完付款之後，可以拿著食物坐到前方享用，但柬埔寨攤販是不提供桌子，是提供毯子，買完東西後可選一張毯子坐下，地毯上擺有餐具跟調味料，坐在這裡享用餐點著實有一種野餐的感覺。

info

地　　址
Sisowath Quay, Street 5, Phnom Penh

影片介紹

YouTube

youtu.be/CKhu339YR7w

bilibili

www.bilibili.com/
video/BV1GK411M7Q2/

柬埔寨
的宗教體驗

柬埔寨的宗教 95% 都是佛教，基本佛教就是國教！柬埔寨的佛教屬於「上部座佛教」也就是我們一般說的「小乘佛教」或「南傳佛教」，較重戒律，出家師父基本過午不食，且每天所吃所用都是每天早上沿街化緣而來，朋友們若到柬埔寨或泰國，可以早點起床到市集，都可以看到這樣的景象，很多商家甚至是準備好布施的物品等化緣師父前來！若有機緣遇到，大家也可以發心布施！

通常布施之後，師父領受布施物品之後，會念一段經文，為布施者祈福，通常柬埔寨人在聆聽完經文後會念一個辭「satouk」三次，satouk 在梵文中有「佛陀」之意，布施者在領受祈福經文之後，說三聲「satouk」，應該有讚頌佛陀，信受奉持誠心感謝的意思！大家可入境隨俗囉！

絕不罷手

不罷手拚

絕罷的血拚

永旺購物中心
Aeon shopping mall
一期二期

永旺購物中心是金邊第一家較具規模的購物中心，2014 年 6 月第一家永旺購物中心正式開始營業，為柬埔寨零售銷售市場帶來新氣象，日式管理也帶給柬埔寨服務業新的想法與方向！

2014 年開始，柬埔寨消費者對新式賣場從陌生好奇轉變成熟悉習慣，原本提袋率不高，但後來成長速度讓永旺管理層驚訝，永旺一其原本預計十年回收，但三年就達到損益兩平，因此第二家永旺就在金邊北邊森速區誕生。

2018 年第二家永旺購物中心開幕，規模是永旺一的兩倍大，更新穎的內部規劃加上兒童遊樂設施吸引大量消費者。

永旺一期跟二期的成功，讓永旺集團信心大增，預期第三期將在南金邊洪森大道設立，目前規劃整個規模是第二期的兩倍大，2023 年我們將看到偌大的永旺三落成！

info

永旺一期
地　　址
1 Samdach Sothearos Blvd (3),
Phnom Penh

永旺二期
地　　址
St No. 1003 Village Bayab Commune,
Phnom Penh

中央市場

這座建築物是法國殖民時代留下的，在當時是「世界十大建築之一」，以無樑柱設計的穹頂著名，如今是一個及觀光及本地人消費的市場！

中央市場整體是一個十字形建築，中間交叉處建築為矩型有四方開口，目前中間部分大多銷售珠寶、鐘錶以及銀器等等，其他地方，有日常用品、衣服、3C 產品以及生鮮食品、海鮮類、南北乾貨等等！

來這邊不妨到處逛逛購買一些伴手禮回去，這邊的腰果跟胡椒很值得選購，周邊賣生鮮水果的，也可以嚐鮮的心情去逛逛！

info

地　　址
Calmette St.(53), Phnom Penh

──── 影片介紹 ────

YouTube

youtu.be/Owav-Wr838I

bilibili

www.bilibili.com/
video/BV1x5411h7ho/

熱絡的
俄羅斯市場

　　俄羅斯市場，舊時被戲稱「小偷市場」，就是銷贓地方，以前人們都說，從市場頭走到市場尾，可租裝一台機車！

　　現在的俄羅斯市場依舊有賣五金機械，但變得更多元，市場內有很多文青商店，銷售高棉文化藝品、畫作、工藝品，當然也有一些飲食店，咖啡攤，是吸引觀光客的一個市場！

　　我建議可以去採購一些工藝品、畫作以及木雕，累了可以去老爺爺咖啡攤（本書前部分有介紹）喝純正柬埔寨冰咖啡！

　　俄羅斯市場是搭棚子的市場，建議大家去的時候可以提早一點，或下午兩點之後，避開中午太陽大時，不然會太熱！

info

地　　址
163 路 , Phnom Penh

───── **影片介紹** ─────

YouTube

youtu.be/57k_PNInVng

bilibili

www.bilibili.com/
video/BV1BA411E7z2/

ZANDO

柬埔寨的輕工業中，成衣業是主要的一項，因此柬埔寨常常可以看到一些外銷成衣被所謂「外流」到市場，很多店家專門銷售此類商品，但其實大部分是被挑出的瑕疵品，但有些小瑕疵是我們一般人看不出來的，卻可以用很低價的價格買到歐美名牌的衣服，姑且不論真假或是否為瑕疵品，其材質是頗具水準，若喜歡購此類外銷成衣，柬埔寨是有些店，大家可以去採購！

ZANDO 原本只是一般規模銷售外銷成衣的服飾店，但近兩年在金邊大量展店，成為最具規模的服飾店，大家到金邊若看到，可以進去逛逛，有機會用便宜的價格買到自己喜歡衣服跟配件！

info

分店很多，可 GOOGLE 查詢。

洞里薩河旁的珍珠──
Sokha Phnom Penh Hotel

位於洞里薩河以及湄公河交接處的 Sokha Phnom Penh Hotel，設備頂級、大廳豪華，房間空間非常大，入住在裡頭有如貴賓般的享受。地點雖然並非市中心，附近也稱不上熱鬧，不過進到 Sokha Phnom Penh Hotel，就可以專心享受他們的設施！

一進到 LOBBY，中央的鋼琴頗引人注目，時間一到，還會有人上前彈奏，並非虛設。房間寬敞，面向南邊的房間，可以看到洞里薩湖合流湄公河之處，波

瀾壯闊，尤其早上起床，日光灑在河面，波光淋漓，十分美麗！往外看更可看到河上悠遊的船隻，晚上的時候可以看到對岸的皇宮，傳統與現代相望。頂樓有 PUB，晚上會從其中投射五光十色的光芒。

若不想外出，待在房間裡面，倒杯紅酒，站在窗戶邊，看著金邊的夜景，亦是人生一大享受。

info

地　　址
Street Keo Chenda, Phume 1, Sangkat Chroy Changvar, Khan Russeykeo, Phnom Penh

電　　話　+885 23 685 8888

都市裡的綠洲 ——
The Plantation -
Urban Resort & Spa

The Plantation—Urban Resort & Spa 位於市區內，據說是之前某國大使住所改建。地段鬧中取靜，距離皇宮很近，進入大門，顯眼的傳統風格映入眼簾，進到 Lobby 前有個蓮花池，中間有個人工島，巧妙的擋住旅客的目光，頗有蘇州園林設計的假山，有異曲同工之妙，需要繞過兩側充滿東方風格的長廊，才會來到 LOBBY，真可謂「曲徑通幽」！

The Plantation—Urban Resort & Spa 很有特色，包括地板的磁磚花紋和牆上的燈籠，訴說著古老的歲月。晚上的時候，出入飯店，透過不同的燈光照射，而有不同的氣氛。

特別一提，早餐是在游泳池畔用膳，泳池旁就有許多熱帶植物，還有躺椅，氣氛慵懶而迷人，這邊真是成為金邊另外一個獨具特色的住所。據報導，2015 年 9 月，還有場 fashion show 在 The Plantation 舉行呢！

info

地　　址
184 路 , 門牌 28, Phnom Penh
電　　話　+885 23 215 151

水瓶座飯店
Aquarius Hotel &
Urban Resort

　　這家由外國人經營的飯店,走的美國工業風風格,位於皇宮特區中,交通相當方便,是第一次造訪金邊很適合住的飯店!這家飯店有個很有特色的游泳池,除了是頂樓無邊際泳池,還是一個透明的泳池,大家用早餐時可以注意一下有沒有正在游泳的「美人魚」!這家飯店的工作人員非常親切,為這家飯店加分不少!

info

地　　址	Preah Ang Phanavong St. (240), Phnom Penh
電　　話	+885 23 972 089

瑰麗酒店
ROSEWOOD HOTEL

　　這家飯店是目前金邊最好的飯店之
一，大廳位於安達大樓 35 樓，房間皆可
俯看金邊街廓，視野非常好！此外這家
飯店的餐廳都相當不錯，大家若住在這
家飯店，可以多加嘗試！

info

地　　址
66 Monivong Boulevard, 柬埔寨安達大
樓 35 樓 , Phnom Penh 12202

電　　話　　+885 23 936 888

宮門飯店
Palace Gate Hotel & Resort

　　這家號稱最靠近金邊皇宮的飯店，原本是某國駐柬大使官邸，幾乎緊鄰金邊皇宮，是一個庭園飯店，房間也是高棉風格，美輪美奐！很多歐美人士喜歡住這邊，因為交通方便，散步到河邊也相當方便！

info

地　　址
#44, Sothearos Blvd (corner of street 240), Khan Daun Penh, Phnom Penh

電　　話　+885 23 900 011

Arunreas Hotel

　　這家飯店也是高棉風格精品飯店，僅有 12 間房間，是非常精緻的飯店，適合喜歡小型精品飯店的朋友！這家飯店位於皇宮特區內，交通方便，另外這家飯店以早餐豐富著稱！

info

地　　址
#163 Street 51, Phnom Penh

電　　話　+885 15 813 888

百通飯店
Baitong Hotel &
Resort Phnom Penh

這家於 2019 年新開幕的飯店，具備「綠建築」的概念，看起來不像飯店，到像是一個藝術品。

百通度假酒店有 106 間客房，2 個迷人游泳池，一間健身房，一家泰國餐廳，一個屋頂酒吧，一個水療中心以及其會議室，小而美的一家飯店！這家飯店位於 BKK1 區，交通方便，附近生活機能也相當好！

info

地　　址
N. 10 St. 282 BKK1, Phnom Penh

電　　話　+885 23 223 838

胡　　椒

　　柬埔寨貢布省所產的胡椒長久以來
就是柬埔寨的特產，吃起來非常香。市
場有賣黑、白及紅胡椒粒，各具特色，
回去自己研磨最佳，但也可以買已經磨
好的胡椒粉。

腰　果

　　腰果是柬埔寨的特產，不起眼的外觀卻很營養，不用再加任何調味用少許鹽巴伴炒，豐富的油脂讓人一口接一口，價格也不貴，買回去送禮自用兩相宜。

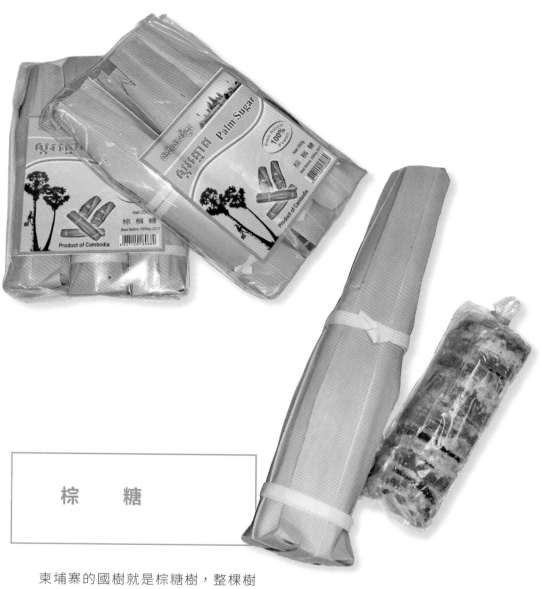

3

棕　　糖

　　柬埔寨的國樹就是棕糖樹，整棵樹皆可運用，其中由葉子跟樹幹提煉的棕糖更是一絕，植物性的糖深受現代注重健康的人士喜愛！

　　聽說用於咖啡和綠豆湯，更顯風味！

PART

4

金好賺！
我的
金邊
金雞母

柬埔寨的國際關係
—— 柬埔寨與東協

若柬埔寨是蓄勢高飛的風箏，東協崛起就是那陣陣大風 ——

■ 東協

首先來談談區域經濟整合！

在未來整個世界經濟將分成 3 個區域經濟體。首先是已經運作的歐盟，之後是東協與美洲自由貿易區，在這 3 個區域經濟體之外的國家或地區將會受到孤立，而柬埔寨正是東協原始 10 國之一！

東協（Association of Southeast Asian Nations：簡稱 ASEAN）原始 10 國包括印尼、馬來西亞、菲律賓、泰國、汶萊、柬埔寨、寮國、緬甸、新加坡、越南，人口約 6 億人，是人口最多的區域經濟體，其中最重要的東協經濟共同體於2015 年 12 月 31 日正式運作。

關於東協，有底下幾個重要的規章以及會議：

東協宣言（ASEAN Declaration）中說明東協的宗旨與目標

1. 加速該地區的經濟成長、社會進步與文化發展。
2. 在持續尊重該地區各國家的法律規範，以及固守聯合國憲章的原則下，促進該區域的和平與穩定。

1976 年《東南亞友好合作條約》（簡稱 TAC），確立東協各國間的基本原則。相互尊重彼此之間的獨立、主權、平等、領土完整性以及國家認同；各國擁有免於其國家實體遭受外力干涉、顛覆或併吞的權利；各國不得干涉其他國家內政；須以和平方式解決歧見與爭端；放棄採取威脅或動武的手段；彼此之間有效合作。

東協包括底下幾個共同體：

- 東協政治安全共同體
- 東協經濟共同體
- 東協社會文化共同體

對於我們投資人來說，最重要的就是「東協經濟共同體」這項，這項共同體的意義簡單來說就是：

東協經濟區域中貨物、服務與專業勞力的自由流通，各會員國間自由的資本流動、平等的經濟發展，目的在於縮減貧富與社會經濟的差距。東協將成為一個單一的市場與製造基地，把區域內多元特色轉換成互補的商業機會，讓東協在全球供應鏈占有一席之地。**其中區域內階段性完成免關稅的單一市場將是最大的改變以及影響。**而且東協之後將會陸續增加成「東協加 3」及「東協加 6」。

東協加 3：
原始東協 10 國加上中國、日本以及韓國。

東協加 6：
東協 10 個成員國加上中國、日本、韓國、澳洲、紐西蘭和印度。

其中「東協加 6」現被稱為「RCEP」所取代，2020 年 11 月除了印度之外其他「東協加五」已經完成簽署，預期未來幾年，印度也會加入「RCEP」。

讓我們算算，原始 10 國就有 6 億 5 千萬人口，加上中國 13 億以及其他國家，這個東協自由貿易區將會是占全世界 1/2 人口的市場，這樣龐大的內需市場只要分一杯羹，也是受益很大啊！

對於柬埔寨來說，將是東協區域整合最大受益者之一！我常用下面照片說明柬埔寨為什麼收受益於東協崛起最多。

照片中，10 國領袖手牽手表示團結，但我看來就如同我們玩團體遊戲「兩人三腳」一般。這是一個 10 人 11 腳的大遊戲，大家腳步一定要整齊，不然一定摔倒！在這原則下，走得快的要扶持走得慢的，走的慢的更是得急起直追跟上團體腳步，而且不能有任何一個人出錯，不然會拖累整個團隊！

柬埔寨在這樣的態勢下，將會是受益最多的國家，基期低但其他經濟要素齊備，在這國際比賽中很容易受到矚目，而成為投資標的，事實上柬埔寨這幾年的就是如此發展，柬埔寨近年來吸引許多外資進入投資，這就是東協崛起帶給柬埔寨的見面禮！

■ 泛亞鐵路

談到東協一定要提到一條鐵路：泛亞鐵路。

這條鐵路似乎跟東協很有關係，但事實上與中國大陸一路一帶的政策有很大的相關。這條鐵路與其說是整個東協的泛亞鐵路，不如說成「北東協鐵路」

目前這條鐵路正在積極進行，預期2023 年完成大部分工程，初期以貨物運輸為主，之後安排客運。金邊到曼谷大約 800 公里，金邊到胡志明市 200 公里，未來泛亞鐵路串起 3 個國家大城市，金邊與曼谷就是一日生活圈，金邊跟胡志明市就是半日生活圈，代表著區域經濟效益將不可限量！

東海以及南海爭議
提高柬埔寨地位

在東亞，目前最令人矚目的爭議就是中日在東海的釣魚台問題，以及南海油田引發各國爭議，都與中國大陸有關，對於經濟命脈在沿海地區的中國大陸來說，這兩個爭議短期內不解決，影響巨大。因為東海與南海恰好是中國大陸過去數十年經濟對外門戶，如今，火隨時會在前門燒起來，一旦東海和南海被封鎖，中國大陸經濟將大受影響，因此大西部計畫、一帶一路以及倡議亞投行的種種應對政策便隨之而生！

中國在掌握陸運通路後，在結合柬埔寨西哈努克港以及泰國克拉運河計畫，為中國大陸造一條後門，一旦東海以及南海出現問題，中國大陸才能有恃

無恐！

而且柬埔寨身為東協原始十國之一，在南海議題上具有發言權，2015 年底，東協國防部長會議，原本要對中國大陸在南海興建人工島礁問題，最初不利中國大陸的決議，但最後由柬埔寨和寮國兩國國防部長出面杯隔，最後會議沒有任何決議，柬埔寨與中國大陸交情深厚，由此可知。

所謂「時勢造英雄」，眾所周知柬埔寨與中國大陸交好，但柬埔寨政府對外面經常申明中立態度，而柬埔寨對於日本代表的美國勢力也真的一直保持良好關係。這是因為柬埔寨位處北東協心臟位置，各國都想拉攏，也因為如此柬

埔寨地位水漲船高！

自歐巴馬「重返亞洲」的外交政策，到川普上台後發對對中國大陸的貿易戰，讓亞洲各國的重要性升高，中美兩國爭相拉攏中國周邊鄰國，柬埔寨的地理位置恰好提供中國西部經濟能量繞過南海，可直達泰國灣後接印度洋，更是中國極力建立合作關係的國家，中美兩大經濟強國的拉攏之下，柬埔寨將取得最佳位置，順勢而上！

▌ 總　結

柬埔寨周旋眾強國之間，左右逢源，吸引各國外資參與柬埔寨建設。東協一體，將整個帶動柬埔寨經濟快速崛起。東協將成最大內需經濟體，柬埔寨受益良多。東海、南海等國際問題，柬埔寨的戰略地位及經濟地位日趨重要。

▲ 洪森政府政策「親中友美」建立柬埔寨與中國深厚友誼。柬埔寨現任國王西哈莫尼也與中國友好，多次與中國國家主席習近平會晤。

人口結構
看柬埔寨人口紅利

考量投資房地產地點時，必須全盤性的考量，我們建議可以這樣去思考：

短期看經濟
中期看土地
長期看人口

- 經濟指該國或該地區的經濟狀況。
- 土地指該國或該地區的土地供給與地理位置。
- 長期則必須看看該地區的人口紅利。

在此我們著重介紹長期人口紅利這個長期需要關注的條件！我們就來看看柬埔寨的人口紅利，是否適合我們投資？

判斷是否投資某一個國家房地產之前，不只考量現狀，更需要預想到這國家未來 3 到 5 年發展的狀況，越準確預測，則投資越精準！

很多經濟資料因為變數太多，很難去推測，也很難預想。但有一項是可以被預測的，那就是人口紅利！

我們可以用當下的人口結構推測未來的人口紅利。接下來就用現在的柬埔寨人口結構去看看未來柬埔寨的人口紅利！

柬埔寨全國以及金邊的人口（2020）

全國人口	1692 萬人
金邊人口	戶籍在金邊 250 萬人
	生活在金邊 360 萬人

資料來源：CIA Library

國際經濟組織預估在 2030 年柬埔寨人數會增加至 2000 萬人，換句話說在未來 10 年內會增加近 300 萬人。另外：柬埔寨的都市化程度為 24.2%。以上數字對我們投資者來說，可推測下列幾點：

第一：目前柬埔寨都市化程度及居住人口推算，全國約每 5 個就有 1 個人住都市，隨著經濟成長越來越，都市化程度會更高。

第二：未來十年柬埔寨會全國會增加近 300 萬人，若以現在的都市化程度預估，等於未來十年金邊會增加 60 萬人，平均每年增加 6 萬人。

第三：隨經濟成長，柬埔寨都市化程度會越來越高，我們以鄰國泰國其都市化程度 33% 計算，到了 2020

年金邊人口數將會是 660 萬人，有就是平均每年增加 30 萬人，相當驚人！

保守估計，一個城市每年增加 6 萬人，增幅每年近 2%，這樣的人口增幅在亞洲大多數國家都處於人口危機時，柬埔寨這樣人口數字，是傲視亞洲各國的！若考慮經濟成長對國家都市化的影響，那金邊的人口成長將是更驚人。柬埔寨「內需的住宅剛性需求」如此大，何況越來越多外資進入柬埔寨帶進大量外來人口產生的「外部需求」！

柬埔寨年齡與人口分佈（2020）

0 ~ 14 years	30.18%
15 ~ 24 years	17.28%
25 ~ 54 years	41.51%
55 ~ 64 years	6.44%
65 years and over	4.59%
柬埔寨人口年齡中位數：26.4 歲	

我們可由上列的分布可發現到 0 ~ 24 歲的人占全國人數的 47.46％，接著

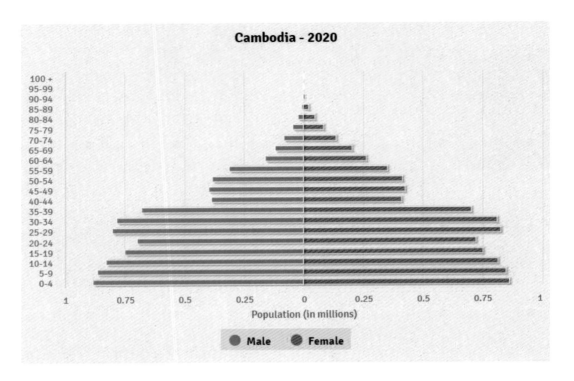

更進一步看看柬埔寨人口的金字塔圖，更進一步發現 35 歲以下人口占人口近 75%。

這樣的分布其來有自。柬埔寨結束內亂不到 40 年，戰時出生小孩不易撫養，進入承平時期，大家安居樂業，自然開始生小孩，這就像二次大戰之後 1945 ～ 1965 年之間，全球的一波「戰後嬰兒潮」一般！這樣的人口結構對於我們投資者來說，可以觀察出什麼呢？

其實這個人口結構是非常重要的資料！我們可以觀察下列幾點：

一、
人口結構年輕化

人口年輕代表兩個重要因素 ——「消費力高」以及「生產力高」。對一個國家來說，人力代表國力，柬埔寨的國力相當年輕、有活力與潛力。國際上

定義勞動力的是 15 ～ 65 歲的人口，我們觀察柬埔寨的人口結構可清楚看到，柬埔寨的勞動人力即將大量投入市場，所帶來的龐大生產力將帶動柬埔寨產業發展！

年輕人也代表消費力，柬埔寨這樣的人口結構會帶動整個內需，引發的經濟乘數效果也將帶動 GDP 持續高成長。「消費拉動產業發展，產業發展帶動消費」，柬埔寨將會有一段經濟起飛的甜蜜循環！

二、 柬埔寨將有類似二戰後 美國嬰兒潮

二次世界大戰後，全球在 1945 ～ 1965 年出生的人都被認為是戰後嬰兒潮，這批人的成長伴隨全球經濟復甦。嬰兒時，帶起幼兒產業；就學時，文教產業很不錯；世界經濟的黃金年代也是這批人進入職場之後的 20 年。這批人現在已經是銀髮族，如今生技產業以及銀髮族相關產業，依然跟這些人有關係！

對柬埔寨而言，戰後嬰兒潮來得慢了一點，但這是「不幸」也是「幸」。

歷史的傷痕讓「嬰兒潮延後」，但柬埔寨這批優質勞動人口已經漸漸投入職場，接下來 10 ～ 15 年大量勞動力投入市場。況且這批人即將進入成家立業的時候，都有「居住的需求」，這批嬰兒潮不但會帶起柬埔寨經濟持續繁榮，展現柬埔寨的黃金年代，這批人更會帶動房地產市場，「住」的需求將會全面湧現！

三、 外來移民增多

當我們觀察柬埔寨人口時，也應考慮外來人口。柬埔寨是東協一員，東協效益將會吸引更多外資進入柬埔寨，這些外資將帶來資金、技術與經營理念，填補柬埔寨因內亂而中斷的技術斷層！

例如：日本人帶進新的農業技術改良柬埔寨稻米，以及新的農耕技術，外來的技術人員填補的是數十年的技術斷層，柬埔寨因此受益！

媒體筆下的金邊

我在 2014 年開始進入柬埔寨房地產市場，以深耕態度去了解研究柬埔寨，幾年下來頗有小成，因此常接受媒體訪問也發表文章於媒體，在此集結這些文章跟報導以為紀念，也讓沒有閱讀過的朋友，能多多指教！

2015 年 7 月 22 日網路媒體訪問

卡位東協金鑽、首選柬埔寨！葉斯博：窮國家的富城市，值得看好！

「柬埔寨經濟越來越好，經濟規模就會越來越大，所需要的辦公室以及住宅量就會越來越多！這是我們可以考量投資柬埔寨金邊房地產的重大利基！但更重要的是，掌握對的時機趁早進場，才能有效創造投資者利多！」金邊地產達人、宏海國際地產經理葉斯博指出，東協經濟共同體（AEC）將在 2015 年底正式營運，經濟勢力正在崛起，不容小

戲;而現在進駐柬埔寨房地產的最大優勢是「總價低」,大約新台幣 200 萬元就可以進場。

位於東南半島的柬埔寨,是少數美元直接流通的國家之一,除了臺灣人所熟知的觀光勝地吳哥窟,首都金邊為其政治經濟中心,西哈努克港(Sihanoukville)更曾入選世界十大海灘,更是柬埔寨三大觀光勝地。而柬埔寨既為文明古國,近代也曾被法國殖民 90 年,累積了橫跨東、西方的豐厚文化底蘊。

葉斯博指出,「東協經濟共同體(AEC)」將在 2015 年底正式營運,東協一體化被國際媒體譽為「遊戲規則的改變者」(game changer),其中泰國、緬甸、越南、柬埔寨和寮國被稱為「北東協」,更讓天下雜誌於 2014 年 9 月以「全世界最不能忽視的新經濟走廊」專文報導,其經濟勢力正在崛起,不容小覷。

早年柬埔寨受到內戰的長期影響,法國殖民後又曾被柬埔寨的共產黨統治過,其中政治動盪、社會不安,此間經濟退後至少二十年。但柬埔寨現在已是民主國家,近年更為了吸引外資挹注,在治安上更是雷厲風行的改善,經濟成長呈現跳躍性的快速發展。

「臺灣對柬埔寨的誤解太多、了解太少!目前柬埔寨的經濟發展以輕工業為主,例如鞋業、紡織、成衣等,預計 2018 年將開採石油發展重工業;觀光業的部分,廣為熟知的吳哥窟在去年有兩、三百萬的觀光人次,西哈努克港亦有一、兩百萬人次,多以歐美人士居多,柬埔寨甚至是中南半島上唯一開放博奕產業的國家!」葉斯博觀察指出。

葉斯博表示,柬埔寨於 2010 年開放外資以來,是東協中對投資管制最少的國家,亦是東南亞經濟政策最開放的國家之一,沒有外匯限制,經濟成長率在過去三年以來皆超過 7%。以房地產來說,柬埔寨 2010 年通過法案,允許外國人憑護照即可買二樓以上集合住宅,並擁有永久權住宅的法律保障。

「柬埔寨是個貧窮的國家,但金邊是富有的城市,蘊含豐富的消費力跟勞動力。」葉斯博並指出:「柬埔寨房地市場,2012 年至 2014 年的年平均報酬率約 20%,投資人多著眼於租金收入,一間套房一個月租金可高達一千美金左右,保守估計約有 8 ～ 10% 的租金報酬

率。」長期在臺灣房地產深耕的葉斯博，自 2014 年 6 月開始接觸海外房地產，因臺灣在政府打房與奢侈稅環境下，憑著自身對房地產投資的敏感度，毅然決然將重心移向海外市場。

葉斯博進一步指出：「臺灣人對柬埔寨的印象多數停留在吳哥窟觀光，但自從東協經濟共同體（AEC）將於 2015 年底正式營運，投資人的目光開始投向柬埔寨的房地產，尤其今年初開始受到加倍關注。去年下半年提早進場的投資者也有感於房價的成長，陸續挹注資金投資。而且柬埔寨與中國的關係十分友好，加上十分重視語言能力，甚至柬埔寨的小學開始教華文，除此之外，臺灣更有 6 家銀行進入柬埔寨開設據點。」

葉斯博以實地觀察、評估柬埔寨房產投資環境的自身經驗指出：「目前臺灣各行各業都在搶進柬埔寨！舉例來說，直銷業代表的是一種消費能力，除了『賀寶芙』已經進入柬埔寨深耕，『如新』最近也決定揮軍前進；就連講求穩定性且較為保守的金融業也早已進入柬埔寨。」據現有資料指出國泰銀行在金邊至少有十六個據點、玉山九間分行；官股色彩很重的合作金庫、兆豐商銀以

及第一銀行等，也都早已進駐柬埔寨。而屬於投資回報期較長的保險業 —— 國泰人壽亦已獲准進入柬埔寨。此外，具有產業鏈特性的「台肥」也準備投資柬埔寨。這些有代表性的產業選擇進入柬埔寨，顯示各方看好金邊經濟發展，連帶讓房地產醞釀驚人的飆漲潛力。

今日的柬埔寨揮別戰亂，在首都金邊不僅擁有 21 世紀的便利，與臺灣 70 年代經濟起飛的熱情。葉斯博舉例說明：「你幾乎難以相信，一間小雜貨店的月營業額可以高達一百多萬台幣！電信業也將在 2015 年底全面啟用全 4G 網路。金邊在商業活動熱絡的情況下，銀行的放款利率高達 8 ～ 12%，乍看之下很驚人，但深入了解會發現，這是由於資金需求遠大於供給，才會致使放款利率居高不下。這背後的訊息是 —— 從事任何生意的利潤都很好，就算資金成本高達 8 ～ 12%，大家還是願意去銀行借款做生意！甚至美金定存一年期的利率都在 4% 以上，遠高於臺灣。」

長期觀察房地產市場的葉斯博建議：「人一生的資產配置上，不能忽略投資房產業，而房地產的投資時機點非常重要。馬來西亞、曼谷等地的房地產也很

不錯，但房價漲幅已經到一個暫時滿足點，但柬埔寨才正要起漲。東協一體之後，比價性的買盤將會湧入柬埔寨！」從具體的面向分析，葉斯博表示，現在進駐柬埔寨房地產的最大優勢是「總價低」，大約新台幣 200 萬就可以進場。

「台幣一千萬元，在臺北是蛋黃區買不到一間套房，但在金邊可買到三間套房，出售享受房價漲幅或長期收租都能很靈活運用！且柬埔寨不課資本利得稅，稅賦相對輕鬆，房價基期低、未來漲幅大，投資報酬率相對高，實在很值得投資。」

但是，投資不能亂槍打鳥，個人成交量已達數十戶，且自己本身就投資了金邊三間房子在的葉斯博提醒，對金邊投資感興趣的人務必注意以下重點：1. 多談、多聽、多了解；找一個願意分享、值得信賴的業務或仲介代表，以便協助自己進行地段、價位的分析，找尋好的投資標的，並且視需求做劃短、中、長期的投資規劃，而不是有一套、賣一套。2. 勤作功課、親赴現場；目前柬埔寨地產是剛受矚目的新興市場，除了聽簡報、看照片，正規的柬埔寨地產營銷團隊都會規劃短期參訪團，不妨當作假期出遊，藉親自走訪了解購買標地是否已拿到建照與開工證，以保障自己權益。

「巴鐵柬鋼！」中柬建交 60 年關係密不可分

「順應潮流」掌握契機錢進柬埔寨

近年談起海外房地產投資，柬埔寨的討論度越來越高，越來越多的投資人開始注意到柬埔寨這個近年經濟表現讓人不能忽視，並這個號稱「亞洲小老虎」的國家！長期觀察投入柬埔寨房地產市場的旺界國際房地產總經理葉斯博表示：「以往柬埔寨像是一個被遺忘的王國，為何近年來退變成耀眼新星呢？事實上，中國大陸的一帶一路政策以及東協一起的發酵像鳥的一雙翅膀，兩隻翅膀和諧且有力的擺動撐起柬埔寨這個經濟體，柬埔寨就乘風飛翔起來！」

西元 2018 年將是柬埔寨關鍵的一年！

葉斯博總經理說，2018 年東協各國相互關稅進一步降低，將帶動東協經濟共同體進步，柬埔寨受益甚多；此外，今年也是中柬建交六十週年，這一甲子的交情讓柬埔寨跟中國的關係密不可分。尤其今年一月份中國國務院總理李克強先生造訪柬埔寨，致贈包括數十項基礎建設以及相當具體的友誼協助。

其中特別亮眼的有兩個建設：中國大陸將協助柬埔寨興建第一條高速公路（從首都金邊到西哈努克港）及石破天驚地宣佈將協助柬埔寨建設新的國際機場，並將這個機場規模設定為全世界第四大的機場。

葉斯博總經理表示，李克強先生的造訪為中柬建交 60 週年拉開豪華的序幕。而訊息指出中共國家主席習近平先生將受邀在 2018 年底造訪柬埔寨，將帶來怎樣的禮物，相當令柬埔寨全體上下期待！

回顧柬埔寨近幾年的經濟發展，葉斯博總經理說，經過 2010 年柬埔寨政府全面開放外資投資，柬埔寨成為最歡迎外資投資的東協國家之一；經歷 3 到 4 年的試探期，2014 年由建築業帶領一波經濟復甦對柬埔寨這個經濟停頓幾十年的國家，資金湧入如同大旱逢甘霖，一陣資金洗禮之後，百業興起；西元 2014

年到 2017 年在首都金邊可以觀察到各國商務人士來試水溫考察商機繼而投入投資的現象，而其中最為明顯的就是中國大陸資金的湧入，從中國政府到中國國企，並以房地產產業上下為主的企業與投資者都進入柬埔寨！

因此，從今年 2018 年我們可以預見，中國資金會不斷地進入柬埔寨。中國政府是計畫型經濟，常以商輔政，用商業力量輔助政治力量，中國大陸將用經濟力量影響東協國家的政策。這幾年的中國資金湧入之後，就流傳一句話：「巴鐵柬鋼！」（形容中國大陸政府與巴基斯坦以及柬埔寨的關係如鐵似鋼），而金邊外港西哈努克港更被稱為「一帶一路第一港」，柬埔寨對中國大陸政治與經濟的鏈結密不可分由此可見！

台灣的投資者：「順應潮流」或許也是很好的投資契機

葉斯博總經理說，認為：「非關政治來說，近十幾年我們發現到中國資金的流向通常是一條投資的明路。包括歐美許多城市房地產都是中資湧入後暴漲；香港的房地產漲幅驚人更是中資的傑作；

台灣豪宅市場也有中資炒作的影子。因此對於海外不動產有興趣的朋友來說，跟著中資腳步去投資，或許是一條不錯的路。」

至於如何挑選適合的標的？葉總經理建議，以柬埔寨這個新興國家來說，一定要投資蛋黃區；至於蛋黃區的判斷，則是必要「親身體驗觀察」。葉斯博總經理提到：「現在有很多房地產業者舉辦的實地參訪團，由自己的眼睛實地去觀察、評斷產品是否有前景，勝過人云亦云，道聽塗說。另外，挑選『當地人』喜歡的案件也是一個方式，因為當地人將是第二波柬埔寨房地產漲勢的參與者，不可忽視！」

另外，柬埔寨當地建商 GOLDEN ONE 的總經理 CHHUN HENG LENG 也觀察到，過去幾年來很多外國投資客覺得柬埔寨人喜歡住排屋（透天厝）不喜歡住公寓大樓，這個想法已經隨著柬埔寨的社會風氣變化，出現了改變。近年來，柬埔寨年輕人已經逐漸認同公寓大樓的生活品質與安全管理，更勝過傳統的排屋社區；因此，在新興公寓的入主競爭與後續發展，其實相當具有空間！

2019 年 3 月發表於網路媒體

中美貿易戰下的收益者
—— 柬埔寨

中美貿易戰方興未艾,各方惴惴不安,深怕黑天鵝轟然而至,多數國家經濟成長都到相當大的影響,猶如兩隻大象跳舞,旁邊的螞蟻隨時都會必踩死!

但有部分國家例外,尤其東南亞國家。

其中柬埔寨是受益中美貿易大戰最多的一個國家,其原因可用三個方面去了解:產業面、資金面及政策面。

產業面方面

中美貿易大戰影響最深的是長久以來依賴中國低價勞力的出口產業,因為美國向中國課高關稅,有可能斷了其根基甚至永不翻身!

因此,這些憑藉低勞動成本的出口產業必須尋求新基地。2017 年開始這些產業開始轉往東南亞國家尋覓新據點,其中輕工業以越南或柬埔寨做為新基地,其中柬埔寨人工相對便宜及極具人口紅利且有地利之便,成為輕工業產業新的桃花源。

柬埔寨目前基本工資 177 美金,雖然每年提高,但相對其他國家還是有其優勢。此外柬埔寨 2018 年統計平均年齡 27 歲(年齡中位數 25.7 歲),往後十數年將有相當多年輕勞動力投入職場,對於勞力密集的產業將是一大誘因。

此外,柬埔寨右臨越南左傍泰國,這兩個國家都有重工業,生產工業零件,柬埔寨憑藉出口關稅優惠,成為最適合的組裝重地。來自越泰的零件在柬埔寨組裝出口,對於越南以及泰國投資的廠商來說是互蒙其利的操作!

中美貿易大戰短期內無法停止,甚至可能是一個持久態勢,柬埔寨在產業面上將吸引許多企業進駐!

資金面

柬埔寨的金融業是相當自由的!

柬埔寨流通使用美元、沒有外匯管制及尚未簽署 CRS,柬埔寨更是中國一帶一路重點國家。中美貿易大戰之下,人民幣趨貶的趨勢,讓很多想外移的中國大陸資金以柬埔寨為移轉目標。

「一帶一路重點國家」這個身份，讓柬埔寨因為中國「以政領商，以商輔政」政策使中國資金相對容易以正常投資管道匯出，且能用美元 parking 在柬埔寨。這也解釋為什麼那麼多中國資金選擇來柬埔寨，投資在包括房地產開發業在內的各種產業上！

中國的人民幣泡沫是可預期，但可預期的泡沫正往其他國家輸出，尤其柬埔寨受益甚多，這樣的發展是樂觀正面的，因為資金合理輸出不但宣洩人民幣泡沫的壓力，更協助柬埔寨這樣的一帶一路國家建設其基礎建設及促進經濟快速發展！

政策面

大多數分析者都認為柬埔寨親中，事實上柬埔寨是很完美地在中美兩大強權中找到適當的位置，跳著兩大一小的探戈！

柬埔寨的政策的確親中，但也不疏離美國（含日本），柬埔寨經濟政策緊緊配合中國而整個國家卻是使用美元，使用美元計價流通。

這樣的措施如同天秤兩邊達成穩定平衡。

中國若是在貿易戰取得上風，柬埔寨水漲船高，經濟也不會太差。

若是美國占上風，柬埔寨整個國家資產都為美元資產，價值大增！

因此在政策面上，不論中美貿易大戰誰勝利，柬埔寨都是受益的一方！

中美貿易大戰下，柬埔寨產業面因產業遷移而獲益；資金面因柬埔寨提供美元環境讓外資得以自由停靠而受益；加上柬埔寨政府當局正確的政策處置，讓柬埔寨在兩大強權貿易磨擦之際儼然成為少數受益國家！

2020 年 6 月發表於網路

後疫情時代的改變與挑戰

14 世紀歐洲黑死病之後隨後產生工業革命、歐洲霍亂大流行讓公共衛生觀念建立普設地下水道、西班牙流感讓第一次世界大戰結束、2003 年的 SARS 也讓之後防疫觀念進步不少！

每一次瘟疫天災都是不幸，但是每一次的瘟疫天災也帶來改變跟進步！

這正是所謂「福禍相依！」

這一次的肺炎疫情也不會是例外！

加上這次全球化程度比過去任何時期都還要高，受影響人數比過去任何一次的天災更多，帶來的變化一定比過去任何一次更大！

在後疫情時代，世界將有一些不同的變化：

- 區域合作代替全球化
- 資金全球化
- 產業鏈區域化
- 供應鏈在地化
- 消費去實體化
- 政府集權化

- 區域合作代替全球化

過去美國所主導的全球化，因為這次疫情將被重新審視。全球化帶來經濟繁榮卻也導致個別國家產業空洞化，遇到大規模的天災時牽一髮而動全身，導致經濟發展停滯，因此全球化的將被重新評估。

隨之而來將是「區域合作」更受到重視，地緣關係相似的幾個國家組成區域合作，區域的合作將代替全球化分工，降低系統風險！

資金全球化

在未來，透過數位貨幣發行，使貨幣數位化成是主流，也因為這樣，資金更能全球化。

例如：中國大陸在數位支付已經相當成熟，在推進貨幣數位化上顯得較為積極，美國也將推動數位美元與人民幣在數位化上一爭長短。

未來因為貨幣數位化將帶動全球資金全球化！

產業鏈區域化

這次疫情可以看出因為全球化帶來產業鏈全球化的弊端，全球化帶來的效

率恰好因為疫情成為弊端。因此疫情後，各產業將會考慮區域產業鏈的問題，例如：台積電到美國設廠，將不會只有台積電去設廠，而將會帶動下游廠商去美設廠，甚至台積電去美設廠，也是一個產業鏈區域化的結果！

供應鏈全球化

這次疫情對於個別企業是一個相當可貴的經驗！

當疫情爆發，全球運輸中斷使得供應鏈上下游中斷，工廠被迫停工，因此在疫情後，企業將會考慮縮短供應鏈路程，甚至希望供應鏈在地化。有些經濟學家更認為「進口替代」的產業形式將重出江湖！

消費去實體化

這個改變在這次疫情中是基層消費者感受最大的！

在美股崩跌中，網購相關類股亞馬遜（Amazon）之類的公司或宅經濟類股Netflix或網路通訊相關公司都保持相當好的銷售數字和股價！

在未來5G的技術推波助瀾之下，消費將去實體化，更多網路上可以實現或體驗的技術將改變人類的生活！

政府集權化

因為疫情，包括美國在內的各國政府得以冠冕堂皇的理由去監控或控制人民行動足跡或深入了解生活動態，且未來資金數位化、消費去實體化之下，政府將對人民金流部分更具掌控力！

拿美國來說，雖然是 UNITED STATE（聯邦政府），各州政府在憲法上擁有相當大權力，但疫情之下美國中央政府仍然可以介入甚多，另外歐盟各國對人權的尊重無庸置疑，但最後大多歐盟國家都實施封城的政策！

這種掌控的權力在未來將會易放難收！

一場疫情不不只改變身體健康，疫情改變的將會全面性而且長久的，這是我們始料未及的！

對於一般人來說，不但要在疫情中保持建康，更重要的是必須習慣於未來各種改變，生物界永遠是「不適者淘汰」，疫情是一種挑戰，後疫情時代的生活改變更是對人類全面性的試驗！

掌握後疫情時代洞察海外房地產投資先機

新型冠狀病毒（COVID-19）來襲，在 2020 年投下經濟的震撼彈，全球運作停擺、股市動盪，美股甚至創下一週熔斷 3 次史無前例之紀錄，有股神之稱的巴菲特為此感嘆：「自己太年輕。」而在疫情逐漸趨緩之際，世界股市表現出強勁反彈，激勵投資者重新審視下波脈動，此時該是針對「後疫情時代」的投資，開始擘劃的時刻。

旺界國際房地產總經理葉斯博分享：「疫情發展以來導致『油金俱跌，股債雙崩』，近期更出現原油期貨竟達 −37 美元，即可知道這是一種『末日感』導致，何其有幸，我們恭逢其盛！」當經濟如雲霄飛車般直線崩壞，基本生存出現困難，又談何投資？葉斯博認為：「這次的疫情為『非經濟因素』引發經濟風暴。因為疫情讓人產生恐懼，恐懼產生不確定性，進而影響消費與產業，終至影響經濟。」

但疫情終會趨緩，當我們進入「後疫情時代」，葉斯博指出，投資界所關注的面相可能會有以下變化：「全球化會被檢討，區域整合方向不變甚至更加堅定；疫情過後，多數投資人將趨於保守，保值型商品將有一段蜜月期；各地將採取 QE（貨幣寬鬆政策），房地產市場將受青睞；中美貿易大戰會持續，美元依舊強勢。」

其中，由於各地 QE 使房地產交易更為熱絡，但臺灣房地產市場逐漸轉向自住型市場，針對房產獲利缺乏投資動機，葉斯博表示：「若將資金著眼於海外房地產市場，將會是後疫情時代最受矚目的投資標的！」在海外置產的地區中，近年廣受討論的柬埔寨，成為投資人的主要目標之一。

旺界國際房地產對於海外房地產投資具有相當經驗，葉斯博說明柬埔寨受注目的原因包括以下特點：「柬埔寨流通美元，房地產以美元計價；房地產稅制相對簡單，投資成本低；金融環境友善，沒有外匯管制，吸引各國資金挹注投資；柬埔寨正當經濟起飛期，房地產將進入主升段，且具有人口紅利，是區域整合最大受益者。」

專訪地產達人葉斯博：2020 年柬埔寨房地產前景分析

柬埔寨比起鄰國越南跟泰國，國人較為陌生。比較熟知的大概就是柬埔寨觀光勝地──吳哥窟。但近年來柬埔寨經濟發展快速，房地產市場受到注目，吸引大量國內房地產投資人前往考察並投資！

我們採訪到長期在柬埔寨經營房地產的旺界國際房地產總經理──葉斯博，讓他告訴我們柬埔寨房地產投資的相關事項。

旺界國際房地產──葉斯博總經理經營柬埔寨房地產市場已經六年，巡迴台灣、上海、蘇州、杭州、深圳、香港以及新加坡舉辦投資說明會，他深度了解柬埔寨房地產投資的優勢！

我們通過他了解柬埔寨的房地產投資魅力！

首先我們請教葉總經理為什麼選擇投入經營柬埔寨地產市場？柬埔寨房地產市場有何吸引力？葉總經理指出：柬埔寨作為東盟國家之一，深受其利，本身的地理條件居東盟中心更是優勢，柬埔寨更具有蛻變成亞洲投資新目標的優勢，柬埔寨的優勢可分下面幾點：

柬埔寨具有千年文化，深具文化底蘊

柬埔寨古稱「真臘」，自中國隋朝就有記載這個國家，之後的吳哥王朝更曾統領大半個中南半島，近代高棉時期首都金邊更有過「東方瑞士」，「小巴黎」之稱！可惜之後發生內戰讓經濟退後五十年！

曾經繁榮的國家要恢復往日榮光，比起「無中生有」來得容易，「天時、地利、人和」齊備後便是水到渠成。

柬埔寨為「美元流通」國家，投資沒有匯損

投資海外資產最怕匯損，柬埔寨本身是美元流通國家，買賣房地產皆用美元計價，沒有匯損，這是相當重要的優勢！

東盟國家之一，受益「東盟經濟共同體」運作後的優勢

東盟是三大自由貿易區中最大一個，目前正在推動「東盟10＋6」（也就是RCEP），2019年11月已經初具雛形，雖然印度暫緩加入但終究會加入。一旦RCEP正立成立，這個自由貿易區人口將達60億。柬埔寨位臨東盟中心，享地利之便，將受益良多！

柬埔寨政府
大力開放外資投資限制

在柬埔寨總理洪森睿智領導之下，大力開放外資投資限制。目前幾乎是東盟中對外資最歡迎的國家，尤其柬埔寨投資環境對金融業發展相當友善，創造極為自由沒有太多限制的環境，吸引亞洲許多國家的金融業設點！

柬埔寨積極參與「一帶一路倡議」，為「一帶一路倡議」的優先國家

自從中國啟動「一帶一路倡議」開始，東盟就是主要的參與對象，其中柬埔寨位居中南半島中心，東接越南，北臨老撾，西接泰國，並且臨泰國灣，並擁有天然良港——西哈努克港，這樣的地理位置自然是「一帶一路倡議」重點發展的國家！

柬埔寨可說是「一帶一路倡議」的楷模國家，「一帶一路倡議」必然成功註定柬埔寨經濟水漲船高，值得期待！

對中國人為主的華人有善意

相對於鄰國，柬埔寨對華人是相當友善。事實上柬埔寨人中有許多都有華人血統，大多來自廣東潮州、汕頭以及海南，包括總理夫人就是海南血統！因此柬埔寨的整體環境對華人是相當友善的！

此外葉斯博總經理更指出：「國人對柬埔寨的誤解太多、了解太少！國人多認為柬埔寨相當落後貧窮，但首都金邊卻是一個富有的城市。近幾年金邊經濟成長帶動整體國家經濟成長效果卓著，2016年柬埔寨正式進入開發中國家行列！而且金邊城市GDP人均達11000美金，相當山東青島的城市GDP。」

葉總經理並且用「國貧民富」「藏

富於民」來形容柬埔寨這個國家，指出柬埔寨經濟發展將由金邊帶動全國起飛！

葉總經理簡單歸納一句：「柬埔寨是個貧窮的國家，但金邊是富有的城市，蘊含豐富的消費力跟勞動力。」

談到柬埔寨房地市場，葉總經理更指出：「房地產產業是經濟成長的火車頭，柬埔寨也不例外。」

「隨著柬埔寨經濟成長，房地產市場更是吸引外資投資的焦點，目前至少有包括中國、香港、台灣、日本、韓國、馬來西亞以及新加坡的建築開發商進入柬埔寨市場投資，2014 年至 2019 年的房價年成長率約 10 ～ 15%，於租金收入保守估計約有 6 ～ 8% 的年租金報酬率。」葉總經理如數家珍介紹這些進入柬埔寨投資房地產的開發商以及房地產市場！

來自台灣的葉總經理長年投資房地產，2014 年開始投入柬埔寨市場，近兩三年走出台灣市場，將業務擴展到海外，主要原因也是相當看好柬埔寨房地產投資市場，且柬埔寨房地產市場已經是國際化市場，來自全世界的投資者紛至柬埔寨投資房地產，柬埔寨市場表現相當亮眼！

葉總經理指出：「因為各地開發商到柬埔寨投資房地產開發市場，帶進來的是各地的房地產投資者，柬埔寨的房地產投資市場變得極為國際化，我們旺界國際房地產秉持『客戶在哪裡？我們就服務到哪裡的精神！』，因此除了台灣，還到上海、蘇州、杭州、深圳、香港以及新加坡舉辦投資說明會，服務更多投資者。」

長期投資房地產市場的葉斯博建議：「人一生的資產配置上，不能忽略投資房產業，而房地產的投資時機點非常重要。」

「中國各城市過去房地產市場也很不錯，但投資最好的時機可能過去了；海外市場中，屬於新興市場的泰國、馬來西亞的房市也很多人青睞，但房價漲幅已經到一個暫時滿足點；海外成熟市場，例如英美國或澳洲，只剩穩定收租的優點，想要追求較高的升值可能不可得！但柬埔寨才正要起漲。東盟一體之後，比價性的買盤將會陸續湧入柬埔寨！」

葉斯博更表示：「現在投資柬埔寨房地產的最大優勢就是時機，目前柬埔

寨市場就如同價格起漲時的中國房地產市場，像是 30 年前的深圳或 20 年前的上海浦東，時機正好！」

但是，投資不能亂槍打鳥，葉總經理提醒，對柬埔寨房地產投資感興趣的人務必注意以下重點：

1. 多談、多聽、多了解：

找一個願意分享、值得信賴的業務或仲介代表，以便協助自己進行地段、價位的分析，找尋好的投資目標，並且視需求做劃短、中、長期的投資規劃。

2. 勤作功課、親赴現場：

目前柬埔寨地產是剛受矚目的新興市場，除了聽簡報、看照片，正規的柬埔寨地產營銷團隊都會規劃短期參訪團，不妨當作假期出遊，藉親自走訪了解以保障自己權益。

旺界國際房地產除了各地舉辦投資說明會之外，每月也會舉辦投資參訪團，在柬埔寨當地也有專業投資顧問可以帶領投資者了解柬埔寨宏觀經濟市場以及值得投資的推薦建案！

「非常歡迎對柬埔寨房地產投資有興趣的朋友參加說明會，之後安排時間參訪。柬埔寨房地產市場相當值得投資，但時機相當重要，建議各位投資人必須快、狠、準！」

葉總經理跟我們強調投資海外不動產時機相當重要！

各位投資者，若有興趣，葉總經理免費提供我們讀者諮詢。

**2017 年 7 月 19 日
發表於中國大陸媒體**

▌從五種特性
▌看柬埔寨房市投資

　　隨著習近平主席推動「一帶一路倡議」，區域性經濟的趨勢，中國經濟體與許多鄰近國家的經濟發展有著天翻地覆的改變，其中最顯著的就是柬埔寨！

　　正所謂「巴鐵柬鋼」，兩國友誼如鋼一般的堅定！

　　柬埔寨與我們國家有長久的友誼，前任西哈努克國王更在中國度過餘生，這一任西哈莫尼國王更常常造訪我們國家，保持相當親密的關係！

　　兩國兄弟般的友誼，讓中國有很大的動力在各方面去協助柬埔寨。基礎建設、醫療院所、教育事業以及經濟發展都有中國資金與人才的參與，與其說是中國協助柬埔寨經濟發展，不如說是兩國人民長久以來兄弟間的友誼與交情！

　　近年來柬埔寨經濟迭傳捷報。加上中國國內房地產宏觀調控，讓許多房地產開發商的資金配合「一帶一路」政策到國外去投資。柬埔寨儼然是國內人士投資海外不動產投資或開發的新天堂！

　　銷售柬埔寨房地產已逾五年的旺界國際總經理葉斯博先生舉出五點特性，說明柬埔寨房地產的魅力十足。

一、地理優勢佳：

　　柬埔寨位處東盟中心位置具地理優勢：面泰國灣有深水良港 —— 西哈努克港；陸地有湄公河及洞里薩河流過，更有東南亞最大淡水湖 —— 洞里薩湖調節。

二、歷史悠久：

　　文化方面擁有吳哥窟千年文化，深厚的文化底醞讓這個國家人民對自己相當有民族自信。

三、經濟成長高：

　　柬埔寨經過內戰摧殘，但 2010 年開放外資投資以來，2012 年起已經連續七年 GDP 成長率高達 7%。

四、人口紅利：

　　人口相當年輕，平均年齡 27 歲，百分之七十五的人口低於 40 歲一下，那麼優秀的人口紅利讓這國家生機勃發！

五、政策開放：

　　柬埔寨的金融政策也相當開放，沒有外匯管制、流通美元加上沒有簽署 CRS（國際會計準則），讓柬埔寨吸引到各國的金融業投資，也因為金融業的開放讓各國願意將要投資東盟各國的資金停駐在柬埔寨，當成投資東盟各國的資金停靠站，這樣的金融業環境與地位，跟過去的香港相當類似，因此柬埔寨也被稱做「小香港」。

　　綜上所述，旺界國際葉斯博總經理認為此時正是投入柬埔寨房地產市場的最佳時機點！

　　柬埔寨與中國的長遠良好關係，及柬埔寨本身優越的條件，投資要搭順風車，柬埔寨未來經濟的發展一定更進一步，不負「亞洲經濟新虎」的美譽！

2020 年 5 月 25 日發佈於網路平台

我們何其不幸
遇到這次的經濟風暴，
但也何其有幸
遇到這次的經濟風暴！

「我們何其不幸遇到這次的經濟風暴，但也何其有幸遇到這次的經濟風暴！」

很多投資者問我：這次疫情，對柬埔寨經濟的影響！

但我想先談談這次疫情對全世界的影響！

巴菲特在美股一週熔斷三次時，感歎自己太年輕。

巴菲特 89 歲之前只見過一次美股熔斷，但就在 89 歲這年，一週內見到三次。

大多數比巴菲特年輕的我們，有這樣的經歷，是相當寶貴的，除了眼界大開，見到巨無霸黑天鵝，而且我們比巴菲特年輕，就算這次風暴受傷，爬起來也較容易！

很多人認為這次經濟風暴是非經濟因素，但我認為不儘然。疫情讓人類產生危機，影響消費，進而影響經濟。

從這一次「油金俱跌，股債雙崩」可以看到這是一種「末日感」導致，過去幾乎沒有這樣的狀況，我們「恭逢其盛」！

原油因為需求減少價跌，加上產油國相互鬥爭落井下石，讓油價跌到 24 美元左右。

股票跟債券本來是蹺翹板兩端，但這次雙崩，蹺翹板都折斷了！

黃金是最吊詭的！

黃金一直以來被視為避險工具，這次風暴剛起，漲到 1700 元美金左右，但隨後跌回 1400～1500 美元左右，但我想說的是黃金這樣的貴金屬，一旦「末日感」導致經濟危機，還是會被拋售，黃金如此，更何況各國貨幣，但吊詭的是拋售黃金後，換回的也是貨幣，這種吊詭之處也就是一種「末日感」荒謬，黃金避險的功用在末日感之下也被挑戰！

這種「油金俱跌，股債雙崩」的狀況，也是過去從沒發生過的！

另外我要談得是「全球化」這件事。過去的數十年主流意見都是全球必須整

合，「歐盟」「東盟」「美洲自貿區」，都在這樣氣氛中達成若干程度的整合，各國資源及人員互相利用，各產業鏈也從單一國家成為國際合作，雖然全球化帶來的效益大多正面，但全球化勢必削弱每個國家自主能力並也加速人員在全世界交流。

這次的疫情就是一種試煉，因為人員在國際間流動頻繁讓疫情蔓延速度快得驚人，各國處置也略顯驚慌失措，凸顯如今各國自主能力弱化，這些都是全球化的負面之處！

但疫終究會過去，我們展望未來，疫情之後世界應該會有幾種變化：

• 疫情過後將會有報復性需求，經濟會有明顯反彈。
  因為疫情影響將需求遞延，一旦疫情過後，這些需求會讓經濟有一波報復性反彈。但是 W 型反彈或 V 型反彈，還要是各國舉措而定。

• 全球化會被檢討，但區域整合方向不變，強國主導變成國與國之間的貿易協定。大區塊的區域貿易整合將會弱化，各國將檢討本身自主能力，英國脫歐就是起端！

• 疫情後大多數投資人將趨於保守，這次美股經常性熔斷，期貨選擇權波動率爆高，VIX 指數創高，投資人都經歷一番磨難，但指數型 ETF 規模創高，表示投資人將趨於保守，保值型商品將有一段蜜月期！

• 房地產市場將受青睞，當全世界商品都崩跌，房地產因具有剛性需求，相對保值，長期而言更是最好的投資商品！

• 中美貿易大戰會持續，不管川普是不是連任，這次疫情有許多現象可觀察，包括：中國在世界影響力大增，美國霸主地位受威脅，因此中美貿易戰雖抬面上暫歇，但抬面下將風起雲湧！

講回這次疫情對柬埔寨經濟的影響！

柬埔寨將受是傷較少的國家！但這是最後一次了！因為柬埔寨經濟目前跟國際經濟掛勾相對其他國家來說不深，

歐美消費市場因為疫情萎縮，但中國消費市場適時補上，因此這次受傷不深！

但這也是最後一次，因為柬埔寨將與世界經濟將與世界掛勾將越來越深，未來五年將陸續與其他國家簽訂 FTA，隨柬埔寨經濟躍起，將與世界接軌，步入全球化的一員！

短期的影響

各國鎖國之下，房地產租賃市場將首當其衝，疫情之下許多人各歸本國或留在本國，因此租賃市場將有短空！

房地產銷售市場是長期投資，買氣短期受影響，但長期不變之下，疫情一旦緩和，投資人將會大量回歸。

長期的影響

疫情過後，柬埔寨經濟將步上正軌！

這次防疫，柬埔寨國力不能比歐洲國家，但防疫觀念以及措施都相當正確，讓疫情沒有大規模爆發，一半疫情緩和，經濟將快速恢復！

中柬關係將更加緊密。此次防疫，中柬互動頻頻，似有相當默契，中國也在前幾天派遣醫療團隊協助柬埔寨防疫，疫情過後，中柬關係會更好！

此外，柬埔寨總理在疫情中的表現，讓柬埔寨國際能見度大增！

柬埔寨總理因為讓多個港口拒絕接納的「威士特丹號」郵輪停靠西港。

目前看來是對的舉措！

一來這艘郵輪沒有疫情產生，二來洪森總理也讓自己以及柬埔寨國際能見度大增。

這樣的舉措，對未來柬埔寨國際觀光旅遊將有大幫助，也讓國際投資人投資柬埔寨房地產意願大增！

天災人禍非大家所樂意見到，但希望每一次的天災人禍，都能留下一些教訓，讓我們人類反省後前進！

願
疫情早日結束
國泰民安風調雨順
世界和平

分享给各位投资者：
我对柬埔寨的感想！

現階段，柬埔寨是相對貧窮的國家，金邊卻是個富有城市。

柬埔寨因為人禍，讓經濟倒退 50 年，但不能抹煞柬埔寨深厚的文化底蘊及輝煌過去。許多柬埔寨朋友告訴我，不能說柬埔寨要 become a great country（成為一個偉大國家）而是 restore a great country（恢復成一個偉大國家）！

這些恢復的種子都埋在首都金邊，經過這幾年外資灌溉，這些種子已經發芽，即將茁壯，恢復生機！金邊的經濟狀況繁榮，只要願意付出在金邊都可賺到錢，幾近於零的失業率是薪資持續成長的後盾，外資的資金水位越來越高，

也讓金邊的柬埔寨人生活越來越好！

從柬埔寨 2010 年全面開放外資進入柬埔寨投資到 2020 年，整個十年柬埔寨進步相當大，幾乎飛快進步，2012 ～ 2020 年 GDP 複合成長率超過 70%，外資 FDI 增長達 4 倍以上，各產業發展相當好，整個柬埔寨已經不一樣了！

貧富不均現象的確明顯，但柬埔寨人大多安居樂業，不仇富。

「貧富差距」是個負面名詞，但不可否認，「貧富差距」也是社會整體往上提升的重要因素之一，若整個國家整體是往上的，「貧富差距」絕對是人民

奮發的動力，貧窮的人可以相信「愛拼才會贏」，只要有公平的機會，就有機會提升生活達富有的境界！

台灣民國 60 ～ 70 年代，雖然貧富差距大，但整體社會氣氛向上，認為「明天會更好」，雖然貧富有差距，但大家都有富裕的願景，因為這樣的社會氣氛，讓台灣創造經濟奇蹟！

如今的柬埔寨跟當時台灣氣氛是一樣的，柬埔寨人都知道未來是屬於柬埔寨的機會，因此雖然貧富差距大，但是大家都很努力！

這幾年，我們也看到柬埔寨當地年輕人學習能力很強也認真學習，不管是「海歸派」或與「來柬外資」合作的本地人都開始創業，不久的將來，這些年輕人中將會有「柬埔寨馬雲」、「柬埔寨郭台銘」出現，這是屬於他們的年代，誰能掌握，誰就是贏家！

種種數據及實地勘查證明，柬埔寨是個經濟剛起飛潛力卻無窮的國家。

這幾年我實地接觸柬埔寨，也收集許多經濟數據，客觀分析之後，確認一件事：柬埔寨剛起飛，而且未來會相當亮眼，我們要投資，就要選擇這樣一個國家，歡迎各位投資「讀萬卷書不如行千里路，實地參訪，眼見為憑！」

世界誤解柬埔寨深，容易錯失投資機會。

不知道是不是柬埔寨國名翻譯不好，用了「寨」這個字，讓大家對於柬埔寨都有落後的感覺，甚至有人認為柬埔寨還在內戰，或是認為到處還都有地雷，這些都是天大的誤會！

對於海外投資，我建議大家都要實際實地去觀察，柬埔寨尤其是金邊，跟你想像不一樣！我們帶參訪團的經驗，大多數人在參訪前後，對柬埔寨有多大的誤解！

若您不相信，請您與我去參訪，保證您耳目一新！

投資與否不重要，但因為不了解或誤解而失去賺錢的機會，我想未來的你一定會抱怨現在的你！

柬埔寨
未來 10 年大預言

這個章節，我試著當一個預言家。根據這幾年實地親訪柬埔寨及根據官方以及非官方資料研究之後，我預測柬埔寨的外來發展：

初版也有這章節，我也保留當初 2016 ～ 2018 的預測給大家參考！

■ 2016 ～ 2018 年

1. 東協效益逐漸發酵，外來人口增多，房屋租賃市場持續擴張。
2. 新建案數量趨於穩定，新推案不會破 2015 年的數字，市場逐漸消化推案。
3. 中國大陸以及日本投資逐漸增多，投資全面而不單投資房地產。
4. 官方會推出許多利多政策。

▊ 2021 ～ 2025 年

1. 房地產主升段。展現強勁剛性需求，房地產本地內需興起。
2. 東協效應、RCEP 效益初步展現，柬埔寨經濟跳躍性成長。
3. 本土中小企業快速增加，大型外資持續投資。
4. 第一條高速公路（金邊西港線）完成。
5. 西港外海石油開始量產。
6. 新金邊機場第一期完工。
7. 柬埔寨人民黨將在 2023 年持續執政。
8. 與超過五個國家簽訂 FTA，接軌國際經濟。

▊ 2025 ～ 2030 年

1. 房地產進入高檔震盪整理，整理後將再度上漲。
2. 經濟表現持續擴張，與泰國拉近差距。
3. 柬埔寨貨幣政策開始調整，柬埔寨瑞爾的地位逐漸升高。
4. 中產階級大幅增多，貧富差距持續減少。
5. 2030 年柬埔寨正式步入世界銀行定義之「收入中等偏高國家」。

PART
5
樂　　活邊
金　　Let's go

為什麼投資海外不動產？

美國名作家馬克吐溫（Mark Twain）說：「History doesn't repeat itself, but it does rhyme.」意思是：「歷史不會重演，但會押韻！」或「歷史不會重演細節，過程卻會重複相似」。

我們投資海外不動產其實就是利用類似的概念。歷史不會重演，但就像文章的押韻一樣，類似的事件還是會再度發生。我們利用不同空間產生的時間差，去賺取利潤。簡單說，世界每個地區或國家的經濟發展時程大致類似，若我們不拘泥在自己熟悉的地區或國家投資，挑選經濟發展剛起飛，將有輝煌未來的

國家或地區投資，那我們將會獲取很不錯的波段獲利！

常聽很多的朋友說：「若能在 20 年前投資上海房地產、或 20 年前台北房地產、10 年前買在曼谷或吉隆坡，那現在就可以退休！」或者說：「SARS 時，若買房地產，我可賺好幾倍！」

事實上「事後諸葛，人皆可為之。」話說回來，真的回到過去，你真的敢下手投資嗎？

如今我們投資海外不動產，就是要找一個有未來的地區或國家，利用「時間差」獲取波段投資報酬，這是一種類

似「回到過去」的概念。

　　與其抱怨「時不我與」，不如用功研究，在其他國家或地區去尋找當初的上海、台北、曼谷或吉隆坡。我們可能不是「富二代」「富三代」，但我們期待我們是「富一代」。

　　「時間製造的複利效果」是致富最大的關鍵，尋找海外不動產標的就像坐上時光機選擇回到經濟剛起飛時代。若有再次的機會，你再不下手，就別在怨天尤人了！

　　至於如何去挑選海外不動產投資標的，我們下章節分享給大家！

―――― 影片介紹 ――――

YouTube

youtu.be/w5VOanpP4dg

bilibili

www.bilibili.com/video/BV1vK4y1V7cC

海外房地產投資
需注意事項

海外房地產投資已經是熱門顯學，但是真正有自己思考後去投資的朋友其實還是很少，因此在我們從事海外投資，尤其是海外房地產投資時，首先該注意的事項有下列幾點：

1. 注意四率
2. 慎選地點
3. 時機點選擇

以下，將告訴大家該怎麼選擇適合你的投資標的！

▍注意四率

這四率是哪四率呢？**匯率、利率、經濟成長率、稅率。**

一、注意匯率

首先給大家兩個時間跟當時匯率：

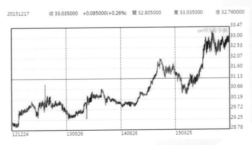

▲ 2010 年到 2015 年美元兌台幣走勢

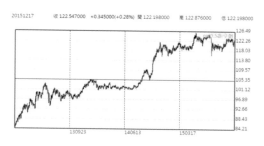

▲ 2010 年到 2015 年美元兌日圓走勢

2010 年 9 月匯率
美金兌新台幣＝ 31.3 美元兌日圓＝ 82
買 3000 萬日幣房子 需用 1145 萬台幣

2015 年 9 月匯率
美金兌新台幣＝ 32.8 美元兌日圓＝ 121
買 3000 賣掉 3000 萬日圓房子 需用 1145 拿回 813 萬台幣

　　由以上數據可知 2010 年買進的日本資產，這五年來光是匯差已經將近 30％，這筆投資，實質上可能會有虧損！

相同狀況可以再舉一個例子：

2014 年買進馬來西亞房產
2015 年賣掉時

2014 年 9 月	2015 年 9 月
美金兌馬幣 ＝ 3.2	美金兌馬幣 ＝ 4.32
美金兌台幣 ＝ 30	美金兌台幣 ＝ 32.77
買入 100 萬馬幣房子，需要 937 萬台幣	賣出 100 萬馬幣房子，可得 758 萬台幣
一年匯損達 20%	

　　由以上兩點可知，海外投資的匯率影響投資報酬率有多大！對於大額投資者或法人投資海外，可以用金融商品去避險，然而個人投資海外房地產時，操作避險所產生的成本不是我們所能承擔的！因此從事海外房地投資，應該仔細考量匯率變化這部分。

　　投資柬埔寨的房地產特色之一就是買賣全部以美金計價，當然不止房地產是美元計價，甚至可以說美元是柬埔寨主要流通貨幣，這點容後再談。

二、考慮利率

利率包括定存利率以及放款利率！利率在經濟學上有嚴格的定義以及學術意義，也是貨幣政策的主要工具，但我們投資者不需要那麼學術性的探討，讓我們深入淺出用利率去衡量投資目標國吧！

簡單來說：
1. 定存利率是銀行為了吸引資金，與客人達成的條件。
2. 放款利率是銀行借錢給客戶開出的條件。
3. 而放款利率以及定存利率之間的利差，是銀行主要收入。

我們不用用太學術的講法去討論與了解，讓我舉個例子給大家：

大約我國小時候（民國70年代），我隔壁鄰居想做生意缺乏資金，雖然當時流行起互助會，但他因為有房子，便跟銀行貸款，當時銀行放款利率高達11%，當時台灣銀行定存高達8%。

用這個例子可以說明兩點：

1. 為什麼我鄰居願意用11%貸款去做生意？

這個問題答案很明顯，因為當時做生意利潤很好，雖然資金成本高達11%，但當時「台灣錢淹腳目」，商機相當好，因此資金成本高達11%，還是很樂意貸款去做生意！

2. 定存利率為什麼高達8%？

當時台灣資金較為缺乏，為了吸引大家儲蓄，因此銀行願意以這樣的利率吸引資金。當時台灣正步入黃金時代，正式經濟起飛的時代，當時的利率水準正符合當時的狀態！

轉個時空背景，筆者寫稿時，大家正在討論台灣是否會步入負利率？是否追隨日本失落的20年？若大家了解，日本的負利率政策已經行之有年，台灣的利率若考量通膨，其實也已經實質負利率！

在一般投資人考量中，利率水準似乎與經濟沒有相關，但恰好密切相關，觀察該國的利率水準可看出該國經濟的活力以及發展！

三、關於經濟成長率

短期經濟成長率，可看出該區域的當年經濟狀況。長期觀察經濟成長率，可看出該國經濟發展趨勢。

當我們要投資海外不動產，應該觀察前三年以及預估後三年，若是經濟成長率都不錯，才是我們投資的標的。

四、計較稅率

稅率是投資海外不動產獲利關鍵，通常可分成：

購入稅
交易過程要繳的稅

持有稅
持有不動產所要繳的稅，例如：台灣的房屋稅以及土地稅

資本利得稅
房地產獲利所需課的稅

利息所得稅
若出租，房租收入所產生的稅

政策衍生稅
例如：奢侈稅、外國人持有財產稅

▌慎選地點

四率考量之後，地點的選擇也是很重要的！

本人在此建議，針對已開發國家以及新興國家，有不同的選擇：

1. 投資已開發國家房地產

若以定期收益（房租定期收益）為目標，那請選擇蛋黃區；若追求資本利得（房價增長），請選擇新市鎮開發區域。

2. 投資新興國家房地產

請選擇已開發蛋黃區為主！若投資年限可達 5 ～ 10 年，可配合國家計畫，選擇新市鎮投資，並以追求資本利得（房地價增長），定期收益（房租）為輔。

█ 時機點選擇

其實，任何投資行為的進入時機點都很重要，海外不動產投資也一樣，選擇對的投資時機，等於成功了一半以上！

至於怎麼選擇海外不動產的投資時機？我從經驗歸納，跟大家分享！

• 國家重大政策偏向開放後 2 ～ 3 年

當一個國家有重大政策變更，且偏向開放，經過 2 ～ 3 年評估，若主客觀因素評估後可行， 那就可能是適當時機，例如：大陸經濟開始發展，始於鄧小平南巡後宣示開始具有「中國特色的社會主義」，開始之後數十年的經濟發展！

• 經濟發展谷底翻身後 2 ～ 3 年

當一個國家持續 2 ～ 3 年經濟成長都超過 6%，不高於 10%，代表穩健高成長且不會過熱，這時可考量投入這個國家的房地產市場。

• 參考區域經濟發展時程

東協國家中，泰國以及馬來西亞房地產市場發展較快，大約長了 5 年左右，漲幅也高達 2 ～ 3 倍，因此鄰近泰國的柬埔寨，可以參考泰國的房地產市場增長時程去投資！

以上三點是筆者經驗所歸納，但其實一言以蔽之，就是選擇「低基期高成長」的時機下手投資就對了！

█ 總　結

　　投資海外不動產，說難不難，說簡單也不簡單！有很多大原則要先考量，之後針對一些細節去選擇。以上針對四率──匯率、利率、稅率以及經濟成長率一一說明，這些都是投資海外不動產必須注意的首要事項，並且針對投資地點以及投資時機去選擇，如此才能搶得先機，提高投資成功率！

適不適合在柬埔寨
投資房地產？

許多朋友問我他適不適合投資柬埔寨房地產？我歸納以下三點不適合投資柬埔寨的原則以及幾點適合柬埔寨的原則，分享給大家。

不適合投資柬埔寨的人：
- 希望短期獲利者
- 希望短期獲利者
- 希望短期獲利者

沒錯，三個原則都是一樣，因為很重要！

若您投資柬埔寨房地產是希望紅單換約交易獲利者，我真誠希望您別投資柬埔寨，因為柬埔寨房地產目前是初升段，我們希望能夠等到主升段後才獲利了結，甚至針對商用不動產，建議可以做中長期投資。

至於短期是多久？我建議都要能等到交屋之後，過去台灣紅單交易的亂象不適合柬埔寨！

至於適合投資柬埔寨的人是誰？也有以下幾個原則：

- 喜歡投資，不喜歡投機，認同房地產是波段獲利標的
- 認同東協後勢未來相當亮眼者
- 想穩定收租且享受房價增長者

以上三點是柬埔寨的主要優點，首先，柬埔寨房地產是波段獲利的標的，若短期進出就太浪費，而且現在買進柬埔寨房地產，不但享受房價增長而且也可穩定收租！

其次，東協崛起的議題將在未來3年逐漸發酵，若您可認同，一定要投資柬埔寨這個受益最多的國家！當然，若你無法接受東協崛起這個議題，也真的不必投資柬埔寨了

柬埔寨的
幾個經濟數字與商機

在之前的章節有提到海外投資的注意事項，現在我們就用上篇所提的幾個原則去檢驗柬埔寨這個國家是否具有海外不動產投資的商機。

▌柬埔寨的匯率

在說柬埔寨的匯率之前，要先提到加華銀行總裁方僑生接受訪問所提到的一句話，大意如下：

貨幣是一個國家的面子，當柬埔寨還沒有裡子時，我們用美元做為我們主要貨幣，這樣對柬埔寨經濟有益！

方僑生可說是柬埔寨的總工程師，

他這句話相當睿智也相當具有前瞻，因為柬埔寨目前採用雙流通貨幣，但其實以美金為主，對於新興國家來說，外資考慮投資的第一個因素就是貨幣穩定度，當柬埔寨採用美元當主要流通貨幣，對於外資來說猶如定心丸，順道一提，柬埔寨是沒有外匯管制，因此外資進入柬埔寨投資如履平地，也因為如此，柬埔寨是吸引外資最有效率的東協國家之一！

柬埔寨有自己的貨幣「單位：瑞爾」
目前匯率大約美元／瑞爾＝ 4000
（瑞爾目前緊盯美元）

在柬埔寨小至買椰子，大至買房子，都是美元計價，因此對於海外投資房地產的投資者來說，不用擔心匯損！

美元是必須持有的貨幣之一，持有美元資產本就是因應未來變化的因應之道，若是我們用美元來購買柬埔寨房地產，不但可以賺取資本利得，而且可能在匯率上可以有收益，何樂而不為？

▌柬埔寨的利率

柬埔寨的利率水準其實跟台灣民國 70 年代相當：

- **放款利率 8 ～ 12%**
- **定存利率 4 ～ 7%**

 （**台資國泰世華銀行一年期美元定存：4%**）

之前說明過，這樣的利率水準與「台灣錢淹腳目」時的台灣相符，當地商業活動相當熱絡，因此對於資金需求孔急，願意以高利率去借出生財資金！

而且如此高的利差，也讓金融銀行業收益相當豐厚，有一家台資銀行在柬埔寨的一家分行業績，相當於台灣三家分行的業績，當地商業熱絡可見一斑！

▌柬埔寨的經濟成長率

柬埔寨的經濟成長率—— 在過去的八年均在 7% 以上	
2012 年	7.3%
2013 年	7.4%
2014 年	7.2%
2015 年	7%
2016 年	7.3%
2017 年	7.0%
2018 年	7.2%
2019 年	7.1%

這樣的數據，可以判斷柬埔寨經濟是高成長且穩定！

為什麼要投資東埔寨房地產？

綜合上面的內容，我們可以歸納幾點，讓各位知道為什麼我們相當看好柬埔寨的經濟發展及房地產投資：

▌第一、 柬埔寨經濟面好

過去幾年柬埔寨經濟起飛，展現強勁的反彈力，各項經濟數據如同前面篇章揭露給大家的那樣亮眼，未來隨著區域經濟整合、柬埔寨政府與各國簽訂 FTA 積極融入國際經濟、中柬關係更加密切，種種對經濟發展有利的因素發酵之下，柬埔寨的經濟面一定更亮眼！

▌第二、 金融面相當自由

柬埔寨是世界上少數非美國但流通美元的，這個政策吸引各國外資前來投資，因為跨國投資最怕匯率損失，被投資國的匯率若不穩定，投資者將有相當大的損失，柬埔寨是東協中唯一流通美金以及海外人民幣結算中心，因此吸引到想進軍東協的外資將柬埔寨當作資金基地，對柬埔寨金融業發展相當有幫助！

另外柬埔寨也是少數尚未簽署 CRS 的國家，因此在國際金融市場是屬於相

對自由的國家,這也吸引很多外資前來投資!

此外,目前柬埔寨的高定存利率及高放款利率且有全世界最大的利差,也吸引許多海外資金以及金融業插旗柬埔寨!

柬埔寨金融環境自由度被稱為「小香港」,未來柬埔寨的金融產業也是受矚目的一塊,有機會成為東協金融中心!

第三、
柬埔寨房地產稅費低

柬埔寨大力吸引外資進入投資,稅率相當低,最主要的稅只有 4% 財產轉移稅,其他遺產稅、贈與稅……等,都是相當低的!

第四、
柬埔寨政策面鼓勵投資

柬埔寨政府目前大力鼓勵外資投資,不只 2020 年 8 月與中國大陸簽訂FTA,更積極與世界其他國家洽談簽署FTA 中。

第五、
柬埔寨具有人口紅利

如前篇章所述:柬埔寨的優質人力將陸續投入勞動市場,優質的人力帶動產業發產,產業發展增進人民的消費力、消費力高也讓經濟更加成長!

基於以上 5 點,柬埔寨絕對是投資海外房地產的首選之地!

--------- **葉斯博的投資頻道** ---------

柬埔寨第一手投資資訊,影片持續更新中!

YouTube

youtu.be/playlist?list=PLVM_M5MmSwXq3MshtBryL9lu4LLF6_p93

bilibili

space.bilibili.com/669872800

PART

6

金大王，
我有問題
？！

外國人可以買房子嗎？
怎麼買？有限制嗎？

依據 2010 年柬埔寨政府發佈的外國人置產法規定：外國人可用護照購買柬埔寨 2 樓以上集合住宅，並可享有永久產權。

這項法令有兩個重點：
第一：外國人僅憑護照就可購買柬埔寨房地產。
第二：二樓以上房地產，外國人可 100 ％持有。

以上兩點是整個東協國家對於外資投資該國房地產最開放的規定。

事實上，開放之初，大多數人都抱持觀望態度，僅有少數建商開始籌劃建案，因此第一批新的房地產建案大多是在 2012 年後交屋，之後這批新建案順利拿到房產證，大約 2013 年之後才有一定數量建案開始規劃推出。因此 2014 年為「柬埔寨房地產元年」這口號其來有自！

2018 年開始更是另外一個階段，中國大陸資金湧入柬埔寨，房地產市場也是一樣受到中國資金的支持，讓中國資金占柬埔寨房地產市場高達 45%，不但讓柬埔寨房市更為蓬勃，也帶進大量中國房地產投資人進入柬埔寨投資！

此外，雖然柬埔寨房地產法令對外國投資者已經是東協國家中最開放的，但仍然設定僅能取得 2 樓以上集合住宅的所有權。有很多投資者對柬埔寨的店

面、透天厝、別墅或土地有興趣，鋌而走險，用人頭或人頭公司去購買，這是相當危險的，常常落得血本無歸，我極其不贊同！

但在 2019 年柬埔寨通過信託法，為外國人合法投資店面、透天厝、別墅或土地開了一扇窗，外國人可以透過合法信託公司信託持有以上不動產，但有幾點是必須注意的：

首先找尋合法的信託公司（柬埔寨政府初期僅發出六張信託執照），還需要考量信託相關費用及相關政府賦稅也是要一同考慮！

信託費用每家信託公司不同，不一一列舉，歡迎洽詢了解！

至於外國人該夠過什麼管道買房地產？對於預售屋來說，找到一個好的代銷公司，以及好的業務人員是第一要務，才能真正了解建案本身的優缺點，進而下手投資！

對於新成屋或中古屋來說，可找尋找落地經營的房地產仲介業者，並在交易過程要善用律師協助審查產權及處理過戶事項，千萬不要為了省錢而自行辦理！

我人在國外，
金邊的房子
誰管理？

這是投資海外不動產的投資者最擔心的問題之一，但這問題反而是最不需擔心的問題。

柬埔寨金邊的出租公寓市場頗為成熟，當地物業公司也有豐富管理經驗，國際型的大型物業管裡公司也陸續進入金邊這個市場，其中包括美系、港系以及日本物業管理公司都已經插旗金邊，準備大展手腳！

有規模的物業管理公司都是全面性的協助屋主管理物件，當屋主與物業管理公司簽約，通常契約內容包括招租的細節（租金範圍以及租期以及服務費，轉帳帳戶，特殊要求），當簽訂完成，物業管理公司會替您執行包括招租代管，租金代收之後存入您指定戶頭，您都無須親自辦理。

當然，目前金邊幾個建案都有包租三年到五年的方案，報酬率都不算低，且報酬率都是淨利計算（扣除所有可能費用）。若是投資者喜歡直接乾脆，也可選擇包租方案，讓物管公司賺點合理利潤，我們投資者也省去煩惱！

我所屬的旺界國際房地產股份有限公司除了銷售預售屋、也經營成屋仲介買賣、對於物業管理、代租代管都有服務，也可以找我們協助！

如果之後要買賣的話可以買賣嗎？有承接對象嗎？

目前物業管理公司都會兼具有買賣仲介以及租賃仲介的功能，因此屋主可透過物業管理公司委託買賣。當然，原來代銷公司應也可以接受委託，因為他們熟悉物件，而且可能有既定的客源！

至於接手對象，在本書前面議題中，提到柬埔寨房地產內需以及外需時，就提到柬埔寨正要進入房地產內需的爆發期。至於外需方面，根據統計數字，過

往幾年外來人手越來越多，2015 年 12 月 31 日東協正式運行之後，將會有更多外國人口進到柬埔寨。

我仍強調，對於供給與需求，我們必須理性用數字去分析，不要用感覺去衡量，不然判斷失了準頭事小，因而怯步投資事大！

我這邊大膽判斷：未來承接房地產的投資者來自中國大陸以及其他東協國家的投資者；但 2023 年之後，柬埔寨本身的投資者將會大量購買房地產。這項預測來自對柬埔寨人口結構分析及經濟成長數字的分析並參酌各國房地產演進的歷史！

2020 年開始，我們可以看到雖然新冠肺炎疫情影響，但國際經濟量化寬鬆，全世界大灑幣影響下，柬埔寨房地產本地市場也被觸發，我們觀察到本地房地產開始蓬勃！

投資房地產若有疑問找誰求助？

我們的服務

成交前
介紹投資物件
諮詢當地市場

成交中
服務締約過程
維護成交安全

成交後
報告工程進度
建商與投資者
的橋樑

交屋後
代租代管代售
屋主的代理人

▌針對預售屋

交屋前：
代銷公司以及建設公司可給予您詳細的資訊。

交屋後：
建設公司的角色會比較吃重。但于房子轉售出租，原代銷公司應很願意給予協助。

▌成屋以及中古屋

購買前：
請找良好的仲介公司以及律師協助！

購買後：
若自用，較為簡單，若要出租，請找信譽良好的物業公司協助。

柬埔寨有
地震、颱風、
水災嗎？

很幸運，柬埔寨沒有地震以及颱風。而水災，柬埔寨沒有真正的水災！之前每逢雨季，因為排水較慢，有些地區會積水嚴重，但近年來，日本協助柬埔寨興建地下排水系統，埋設地下水管，直徑 120 公分起跳的排水管普及率已經超過 7 成，因此市區雨季積水的狀況有所改善。

關於水災，我想很多人會覺得金邊就在大河邊，曼谷都曾經因為湄公河而大水災，金邊為什麼沒有？這就要從金邊的水文說起。

金邊位置在洞里薩河與湄公河的交會處。洞里薩河上游是洞里薩湖，為東南亞最大內陸湖，洞里薩湖就如同天然洩洪池一般。雨季時，湄公河水位上升高過洞里薩湖，水會從湄公河經洞里薩河流入洞里薩湖中。當每年 11 月底之後，雨季過了，湄公河水位開始下降，洞里薩湖的水經由洞里薩河注入湄公河裡面！

換句話說，洞里薩河的流向是會改變的，雨季向洞里薩湖流去，其他季節，注入湄公河中，這也是 11 月底，柬埔寨大節日 —— 送水節的由來！

這樣得天獨厚的水文，讓金邊不曾有水淹金邊的狀況，也不容易有旱災，我想這也是當初定都金邊的重要原因！

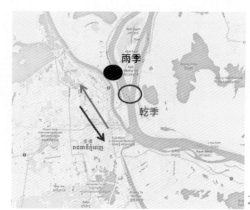

政治安定否？經濟發展穩定否？

這個問題不止投資者問，通常他們家人也會幫著問，這答案我想從三個方面回答：

首先，我們從現實舉實際舉例來談！包括日本金融業到台灣官股銀行（兆豐、合庫以及第一銀行）都大舉進來柬埔寨投資，這些投資金額都不算小，金融是所有產業中相對保守的，他們都進來柬埔寨了，銀行業決不會是貿然決策，一定是全盤評估下的決策，因此我認為柬埔寨已經有相當政經安定度了！

另外一方面，我們要從整體東協來談談。東協原始 10 國現在已經是綁在一起，如同連環船！

古有明鑑，連環船最怕火攻，任何一個國家著火，對整個東協都是燎原之火的威脅，一旦東協被視為一體，個別國家的問題將會被極小化，因為其他國家將會施壓干涉，更何況柬埔寨與中國大陸友好，中國大陸投資柬埔寨金額日益龐大，對於柬埔寨政經的正面影響也會著力更深一點！

最後，我要從整體國家利益來談，柬埔寨的地利卓越，如今正逢天時，以往人禍讓這個國家倒退 50 年的慘痛經歷還歷歷在目，雖然柬埔寨也有兩黨政治，但基於整體經濟利益，我認為，就算有劇烈政爭應該也是在 15 年以後！

基於現實面以及內外客觀因素，我認為柬埔寨政經情勢比你我想像得更好！

柬埔寨為東盟10國之一，為何會挑上金邊？

投資柬埔寨最大的理由是東協崛起將帶動柬埔寨經歷發展。但有朋友問，東協有10國，為什麼特別看好柬埔寨？

基本上，東協我看好的國家有：柬埔寨，泰國以及新加坡。基於現階段（3～5年）來說，我當然看好柬埔寨！**柬埔寨的投資優勢有：投資以美元計價，經濟基期低，經濟穩定高成長以及對外資最為開放。**

另外，柬埔寨房價是美元計價，可視為美元資產，持有柬埔寨不動產就是持有美元資產。投資基本概念就是資產配置，目的在分散風險，你原本要持有的美元不未來投資柬埔寨不動產，不但達成不同貨幣配置，已是動產跟不動產的資產配置，等於是一舉兩得！

在投資時機方面，柬埔寨的基期低且經濟高成長且穩定，對投資者來說是最好的介入點。其他東協國家房地產市場大多步入高原震盪，在介入時機來說，不如柬埔寨！

而且柬埔寨對外資的開放程度，會有擴散效應，將會吸引越來越多外資注意到這個國家，在一波一波推波助瀾之下，柬埔寨會有一波經濟高峰期！基於以上幾點，我建議投資者可在這時間介入柬埔寨房地產或投資柬埔寨！

金邊食衣住行育樂好嗎？
可以考慮移居柬埔寨？

老實說，我認為金邊是一個很好生活的城市！就從幾下幾點來說明：

▌食

金邊外食價位頗高，但若家庭自行烹飪，可以節省不少。而且對於華人來說，食材更是零違和，很容易採買也很合口味！

至於外食，因為柬埔寨被法國殖民90年過，因此金邊有很多高水準的異國料理餐廳，而亞洲菜系也非常豐富，日本料理水準夠，中國菜系也很夠水平！值得一提，柬埔寨人很愛的兩項食物是：火鍋跟燒烤！在金邊可以找到各式火鍋以及到處可看到燒烤，當地天氣雖熱，但人民對這兩樣食物熱此不疲！

▎衣

一年只有熱跟很熱兩種的天氣，柬埔寨又是成衣工業重鎮，因此這點不用擔心！

▎住

我建議想要移民柬埔寨的朋友，請先購買自住房地產，因為租金高，房地產每年增長 15 ～ 20％，置產自住兼具投資性質。

▎教育

柬埔寨金邊的國際學校相當多，學生素質都很好，包括當地高資產家庭小孩以及駐外使節子弟，當然還包括駐柬埔寨公司員工子女。而且就讀柬埔寨國際學校對之後接軌世界有很大的幫助，柬埔寨人大學大多留學新加坡、澳洲、美國及法國。小孩若在柬埔寨念國際學校，為未來生涯開拓也有很大幫助！

PART

7

除了邊金

■ 除了金邊

　　柬埔寨除了金邊，還有很多重要城市，例如馬德望是農業之省，磅湛也是一個農產品交易而富裕的省，但我要介紹三個未來柬埔寨會相當重要的城市或地區：西哈努克、暹粒與巴域。

　　這三個地方，西哈努克與巴域是邊境城市，未來重要性隨著柬埔寨接壤國際，重要性大增；西哈努克與暹粒，則與金邊將形成三足鼎立之勢撐起柬埔寨經濟發展！

談
西哈努克

　　西哈努克市，俗稱磅遜 Kampong Som，是柬埔寨西哈努克省的省府所在，面泰國灣，距離首都金邊 200 多公里，為紀念柬埔寨前國王諾羅敦‧西哈努克而改名。西哈努克簡稱西港，是天然深水良港！

西港的發展有三：對外貿易、觀光業以及博奕產業

　　西港本身是面對泰國灣的天然深水良港，可以停泊大型貨輪，因此在南海出現爭端同時，被中國發現是其「大西部計畫」產能的出口港，可以繞過南海

出口到印度洋的重要港口，因此大量「一帶一路倡議」的中國資金進來建設西港，甚至有說法是西港將建設中國的海軍基地，就知道中國政府對於西港的重視，西港更有「一帶一路第一港」之稱！

2018 年開始，柬埔寨延聘深圳設計院，為西港進行城市設計，未來將以深圳為模型打造西港成為重要的自由貿易港！

同時西港的海濱沙灘也是聞名於世界，有「世界 10 大沙灘」的美名，軟棉的白沙灘是西港天然無價的資產，因此未來觀光業也將是西港重要的一部分，

本島的博奕娛樂資源，加上美麗的海洋連結泰國灣數個離島的旅遊模式，西港將成為柬埔寨的觀光大城！

至於博奕產業更是西港重要的產業！自 2010 年柬埔寨政府開放外資，加上柬埔寨是開放博奕產業的國家，西港一直也是博奕產業重點發展的城市，不論實體賭場或線上賭場都非常蓬勃！

西哈努克港因為博奕產業，自 2016 年開始，爆發性成長，人口暴增 20 萬人，這種爆發性的成長，終使西港承受不住。基礎建設未健全，湧進大量的人口迫使不肖產商興建違章建築，終使不幸發生

樓塌意外，這些都讓西港頓時成為棘手之地，但在柬埔寨政府決斷之下於 2019 年 8 月 18 日決定禁止線上博奕產業，與此同時也撥下鉅款將加速改善西港的道路及排水系統！

自從 2019 年 8 月 18 日起，大量的線上博奕人員選擇離開西港，半年內，大約離開超過一半的人口，看似對產業有害，但這是一個轉換過程，也是西港回到正軌發展的契機。

2020 年 6 月，柬埔寨的改善道路工程已經完成 90%，34 條主要道路都改善其道路品質，排水系統也漸漸改善，新建的建案也被要求必須加裝淨水設備，這是一個割除癰瘡的手術，非做不可！

過去的西港是「蒙塵的珍珠」，現在的西港是「浴火鳳凰」，經過「騰籠換鳥」之後將「築巢引鳳」，因為西港自身條件非常優秀，若加上適宜的規劃，發展不可限量！

未來「對外貿易＋觀光＋博奕產業」將是西港的重要的產業結合，西港未來也被視為是「深圳＋澳門＋三亞」的綜合城市。

談
暹粒

暹粒或許這個名字陌生，但談起吳哥窟，那我相信大多數人都是知道的，吳哥窟所在地便是在柬埔寨暹粒市，暹粒市是柬埔寨暹粒府的首府，也是柬埔寨佛教聖地及重要的觀光城市！

暹粒市吳哥王朝首都，吳哥王朝在這有過一段很長的輝煌歲月，留下吳哥古蹟群，當然其中最知名的是「大小吳哥城」，甚至柬埔寨王國國旗就是以小吳哥的著名尖塔為意象去設計的！

吳哥窟古蹟群常被選為「此生必遊之旅遊點」吸引眾多觀光客蒞臨，最新的國際機場也在擴建中，將在 3 年內完工，屆時將吸引更多的觀光客蒞臨！

吳哥古蹟群是柬埔寨人祖先留下的最重要的資產，科學家用新進儀器探勘目前發現的古蹟群是未開發埋在地下古蹟的十分之一，未來這些古蹟陸續開發，將會是柬埔寨重大的經濟來源！

未來暹粒還有一個產業會發展起來，暹粒地區因為其古都的氣息以及聖地的氛圍讓這邊非常適合居住，北半球冬天時這邊常溫大約 25 度，涼爽的天氣相當適合居住，已經有相當多外資預備在暹粒建設高級休閒度假村，吸引國際退休人口來這邊 Long stay，發展國際休閒產業是暹粒未來重要的產業！

未來的暹粒還需要推展更多元的觀光資源，除了千年古蹟群吸引人文愛好者，其實暹粒有豐富的森林資源以及湖泊資源，若加以設計，也將是非常好的觀光資源。另外，必須引進更精緻的旅遊休閒管理技術，增加軟實力，才能吸引更高端消費客戶，增加產業附加價值！

未來的暹粒將是柬埔寨的旅遊重要城市，除了周邊產業，更會是養老休閒產業的據點！

談
巴域

巴域在柬越邊境，更進一步說：「巴域」距離越南「胡志明市」差不多 30 公里，地理位置相當密切！這樣的地理位置，讓巴域經濟價值隨著東協經濟效益發酵及柬埔寨經濟起飛，變得越來越重要！

巴域一直都是連結柬埔寨跟越南的重要城市，但真正受重視是 2014 年越南排華事件後。許多設廠在越南的廠商決定全部轉移或分攤風險，大多選擇這個柬越邊境的柬埔寨小城市做為新據點設廠。因此巴域有許多經濟特區，裡面的廠商都是柬越兩國設廠。

巴域有許多經濟特區，其中「曼哈頓經濟特區」最為有名，台商美德醫療集團（Medtecs International Corp. Limited）設立！

未來東協一體之下，資金、人才及技術都可自由流通，不論是勞動成本或分攤風險或關稅問題考量，都讓廠商願意同時設廠在柬越兩國，透過東協零關稅或柬越兩國不同的優惠關稅，讓巴域生產的貨物可以選擇透過胡志明的港口出口或從柬埔寨出口！

另外，金邊到巴域的高速公路已經在最後規劃階段，計畫將在 2025 年之前完工，未來金邊到巴域路程縮短在 2 小時內，所謂：物暢其流，巴域將是同時連結「柬埔寨的首都金邊」及「越南最大城市胡志明市」，將會是很重要的工業城市！

葉斯博的投資頻道

柬埔寨第一手投資資訊
影片持續更新中！

書中關於投資的精華內容，我們有影片可以看喔！
請掃描 QR CODE，或複製網址前往觀看。
未來會用更多影片，將投資資訊呈現給大家。

第一集：
為什麼要投資
海外不動產？

第二集：
為什麼要投資
柬埔寨不動產？

youtu.be/w5VOanpP4dg　　YouTube

youtu.be/a2fF0_SjRqE　　YouTube

第三集：
柬埔寨的人口紅利
柬埔寨人口紅利即將有
爆發性成長！

youtu.be/W72oRuJTPis　　YouTube

第五集：
柬埔寨的國際關係、
未來發展及
投資注意事項！

youtu.be/XdUH4djluYs　　YouTube

第四集：
柬埔寨的產業介紹
柬埔寨農業、工業、
服務業完整介紹

youtu.be/qyj-LjJPts4　　YouTube

NOTES

【渠成文化】Pretty Life 011

玩賺金邊 2021
柬埔寨玩樂 MIX 房地產投資寶典

作　　者	葉斯博
圖書策劃	匠心文創
發 行 人	陳錦德
出版總監	柯延婷
執行編輯	李喬智、傅嘉美
採訪協力	張逸帆
封面協力	L.MIU Design
內頁編排	邱惠儀
E-mail	cxwc0801@gmail.com
網　　址	https://www.facebook.com/CXWC0801
總 代 理	旭昇圖書有限公司
地　　址	新北市中和區中山路二段 352 號 2 樓
電　　話	02-2245-1480（代表號）
印　　製	上鎰數位科技印刷
定　　價	新台幣 380 元
二版一刷	2021 年 2 月

ISBN 978-986-99655-8-3

國家圖書館出版品預行編目（CIP）資料

玩賺金邊2021：柬埔寨玩樂MIX房地產投資寶典
/ 葉斯博著. -- 二版. -- 臺北市：匠心文化創意行銷,
2021.02
　面；　公分
ISBN 978-986-99655-8-3（平裝）

1.旅遊 2.柬埔寨金邊市

738.49　　　　　　　　　　　　　110000090